在家練肌力
體脂少10%

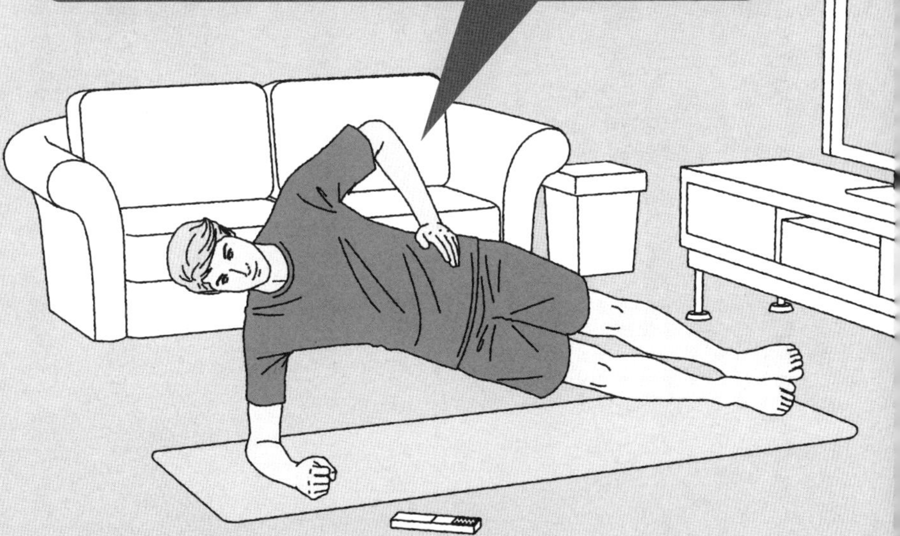

目錄

第6章

14組速效練肌操，打造最想要的好身材

第7章 練肌真的不難，五位成功者經驗分享

第8章
如何持續練肌肉，並永不放棄？

第9章
三招簡易燃脂操，日常生活也能做

─前言─

在家輕鬆練肌力，也能擁有美好體態

大家好，我是森俊憲。平常我都以Body Quest股份公司（身材探索株式會社）的代表教練這個身份，在網路上指導會員如何進行居家肌力訓練。

「想讓自己看起來更好看」的需求，對現代人而言是非常重要的課題，在我與每位會員對談之中，總能深刻體會到這種需求。但是，瘦身減肥這種減法的思考模式，現在已經不流行了。我們團隊為了讓忙碌的人們能善用閒暇時間，持之以恆地在家中落實肌力訓練，一直努力在幫助大家運用「雕塑體型」這種加法的邏輯，讓大家積極一步步地塑造自己成為「理想中的自己」。到目前為止，我們已經個別指導超過六千人，多數學員的感想都是「很高興能夠學會持之以恆鍛鍊肌肉的方法」、「對自己的身材與體力更有自信了」。

◉兩天練一次，也能練出好身材

通常提到肌力訓練，大家可能會有「必須忍耐且無趣」、「很難持續下去」的刻板印象。不過這主要是因為我們都在做些吃力卻效果不彰的運動，以至於「明明很努力在做，身體卻沒什麼反應」。其實若好好鍛鍊肌肉，可以比任何瘦身減肥方法，更能夠省時省力地打造出理想體型，而且還能長久維持。

我的體型已經維持超過二十年，周遭朋友不時稱讚我「你的肌肉很結實，幾乎沒什麼贅肉」、「我也好想擁有像你一樣的身材」。而我在做的訓練動作，主要只有「深蹲」、「仰臥推舉」、「伏地挺身」這幾種而已，而且這些動作每週做兩次，每次只做一小時左右。雖然運動時間少且頻率低，但我都會選擇對身體負荷量較大的動作。這樣才能光靠這些運動，維持我個人理想中的體型。

本書將依據過去我實際進行肌力訓練的經驗，以及會員們回饋的意見，將鍛鍊肌肉的技巧全彙整於書中，包含打造理想體型時需注意的重點、如何持之以恆進行鍛鍊等內容，相信大家一定能找到通往塑身成功的最佳捷徑。

森 俊憲

第1章

做到四件事，訓練一定事半功倍！

只想「先瘦三公斤」，絕對無法持久

幾乎沒人敢說「我十分滿意自己目前的身材」吧。事實上，每一個人多少總會對自己的體型感到某些不滿意。平常我在演講或舉辦座談會時，大家第一個提出的問題，一定與自己的身材有關，所以樣本數可說非常充足。

究竟你在意的部位，是突起的腹部？還是溢出腰帶的側腹贅肉？說不定有些人在意的，是不知不覺中鬆弛的身材曲線。但是，很多人明知道再這樣下去不行，卻還是「得過且過」，就像下述這樣。

「像我這種身材的人，滿街都是。」

「沒辦法，因為年過三十了。」

「雖然不滿意腹部那一層贅肉，但還不到肥胖的程度。」

不滿意身材但不做任何改善，老是這樣自我安慰的人，就會放任自己變成歐吉桑體型、歐巴桑身材。像這種人，不適合閱讀像這本呼籲大家「雕塑個人身型」的書，他們只會妥協，和自己不滿意的身材永遠朝夕相處下去。

對身材不滿意？那就改變它！

我認為購買這本書的讀者，應該想要「改變自己的身型」吧。擁有這個念頭非常重要，想要「改變」的人，**只要方法正確，身材一定會有所轉變**。

事不疑遲。先來想像一下，大家希望自己的身型有什麼樣的改善？

「先瘦三公斤再說……」

「先讓肚子小一點……」

「雖然有點難，不過我想回到二十幾歲的身材……」

大家或許認為這樣的期望很美好，但其實，大錯特錯。訂下這種目標的人，大部分都無法實現理想身材。減重三公斤後的自己、肚子稍微縮小後的自己、二十幾歲時的自己……，對你而言真的是充滿魅力嗎？如果這樣無法真正吸引你，訓練其實很難持續下去。

盡管放膽設定目標，幻想自己的身材變成「這輩子最棒的身材」，具體幻想成為「哪種身材」的這一點非常重要，才能幫助你堅持訓練到底。

◉透過肌力訓練，打造出強健肌肉

而且無論你幾歲，只要以肌力訓練就能打造出強健肌肉，根本不需要上健身房、舉起沉重的桿鈴等健身器材。反而在家裡徒手鍛鍊肌肉，不但容易執行，效果更卓越。只要長出肌肉之後，多餘的體脂肪將逐漸減少。

這無關年齡性別。打造出每個人這輩子最棒的身材，絕對一點都不困難。事實上，我指導過的多數學員，都實現自己的理想體型了。不妨也預想看看，當你成功塑造出理想體型後，希望獲得怎樣的未來——讓家人驚為天人地稱讚你「好厲害」？在公司掀起一股話題？朋友或情人不停讚美你？一旦下定決心，為了雕塑身型開始鍛鍊肌肉的人，一定期待著之後美好的畫面。

不過，做過肌力訓練的人很多，但只有極少數可以持續鍛鍊肌肉，並獲得滿意的成果，大多數的人總是在不知不覺間半途而廢。一般人對於肌力訓練，往往「想試試看卻無法一直做下去」。

究竟為什麼無法持之以恆呢？理由很簡單。那是因為明明很努力鍛鍊，但看不出成效。**其實肌力訓練的負荷強度不能超出個人能力範圍，必須配合體力與目標，才能在第一時間發現身體出現的變化。**

一提到肌力訓練，有人只想到學生時代曾經做過的「二十下伏地挺身或二十下仰臥起坐」。但是對於平時沒有訓練肌肉習慣的人而言，這麼做很吃力，而且效率極差。因此，本書所推薦的，是配合個人體力的程度、依照理想中的身材進行肌力訓練。肌力弱的人，就要針對現狀，從強度低的訓練開始做起。

●敏銳觀察身體，複製成功經驗

開始鍛鍊肌肉之後，必須敏銳觀察自己身上的任何一點小變化，因為掌握「鍛鍊肌肉→身體變化」這種成功經驗非常重要。我們或許得花上好幾個月，才能消除多餘體脂肪、雕塑全身肌肉，打造理想的體型。但在這段期間內，身體將逐漸出現變化。若我們能敏銳地感覺到這些變化，就有維持肌力訓練的毅力。

例如訓練後立即反應出來的肌肉緊繃，就是一種小變化。或許照鏡子時，身體還看不出明顯變化，但做完肌力訓練後，你一定能發現不同以往的肌肉緊繃感。翌日的肌肉痠痛，也是肌力訓練後的身體變化。

也有人因為肌力訓練，改善了失眠或早上醒不來的情形，身體也變得輕快，肩膀及後背痠痛都獲得紓解，所以請大家一定要敏銳察覺身體散發出來的信號。

除此之外，常常照鏡子、觀察自己的身體，也能夠幫助我們持續進行肌力訓練。不滿意自己身材的人，往往不喜歡觀察自己的身體，將眼神移開。但是不觀察就不會發現變化，只要照鏡子就一定會明白，即便體重沒變，身材曲線卻確實發生變化。請相信你的眼睛，它可比體重計敏銳許多。

最後，快拋開「肌力訓練吃力又無聊」的刻板印象。如果受限於「肌力訓練愈辛苦效果愈好」這種以偏概全的想法，說實在的，很難看出成效。

◉以最小「努力」，達到最大塑身「效果」

我所指導的訓練法，著重在「努力就有效果」。這種想法是從經濟學的CP值延伸而來，可說是**「事半功倍訓練法」——盡可能用最少努力，獲得最大效果**。

或許大家認為這不可思議，但事實上，這才是所向無敵的訓練法。就連在奧運場上獨領風騷的運動選手，無不追求效率第一的訓練法。一流運動家因為想在比賽中獲勝，會努力達到極限，比同樣努力的對手獲得更卓越的成效。因此「CP值」愈高的訓練法，已證實理論正確且獲得客觀驗證。

自創的肌力訓練法往往CP值很低。最典型的例子，就是有人「每天做伏地挺身、仰臥起坐或深蹲直到沒力為止」，一樣效果不彰。別再亂做一通了，關鍵在於確實地雕塑出理想中的身材。只要照著這本書確實執行，你就一定可以用事半功倍的方式來實現目標。

第 2 章

八個迷思，破解訓練不持久的原因

別輕忽肌肉發出的「有效信號」

肌肉組織的新陳代謝，也就是轉換期，大約需三個月，因此肌力訓練的效果，至少得花費三個月的時間，才能明顯看得出來。

想要重新雕塑自己的身材，需耗費一段時間是很合理的事情，不可能一週就練出理想體型。即便在職場上，想完成大型企畫也得花費一段時間，所以請做好心理準備，一定得花適當時間。此外，大家還必須明白一個觀念，就是肌力訓練的成果不會在一瞬間消失，而且真的可以瘦下來、不復胖。

話雖如此，但是鍛鍊肌肉時，身體的一些小變化其實很快就能發現，但很多人卻輕忽了這一點。

◉感受「初期效果」，激發持續鍛鍊的動力

縱使體重沒變，應該也能發覺身材曲線有了微妙轉變。若能感覺到這種變化、這種「初期效果」，就能讓人激起想要持續鍛鍊肌肉的企圖心。所以，請不要只專注在體重的變化，應該好好照鏡子，觀察自己的身體。

而且，在外表能看出效果之前，其實在做肌力訓練時就能感覺不一樣。好比說某種運動，原本只能重複進行五次，現在卻能做到七次、甚至十次；**原本只能做一組的連續動作，現在居然能做完兩組**。這些變化唯有開始鍛鍊肌肉後才能顯明出來，所以，請別忽視這些「有效信號」。縱使看不出哪裡長了肌肉、沒感覺脂肪減少了，但身體確實已經起了變化，接下來肌力訓練的效果將加速成長。

別說「我太忙」，找出空檔就能健身

「工作太忙沒時間上健身房……」

「很晚才到家，沒時間去跑步……」

這些話很常聽到吧？上健身房做運動的確需要時間、換衣服或沖澡也需要時間，而且健身房營業時間有限制。到戶外跑步也是一樣，得花上大把時間。很多人就因為這樣，停止思考訓練的可能性，但太忙的人真的無法鍛鍊肌肉嗎？

嚴格來說，「沒時間」頂多只是藉口，因為我曾經也是這樣。當我還是上班族時，心裡也閃過「因為沒時間，所以就算想上健康房也去不了」、「想跑步也沒時間跑」的念頭。但是有一天，想法觀念突然一轉：「不如做一些『**沒時間也**

能有效率進行』的訓練。」於是，我研究出「不需要器材，隨時隨地都能進行，且短時間就有效果」的訓練法，也就是利用個人體重來鍛鍊肌肉。

◉「沒時間」是藉口，請運用空檔健身

舉例來說，九十五頁所介紹的平板撐體訓練，只需花三十秒。無論多忙碌的人，應該不會一回家用過晚餐、洗完澡，就立刻上床就寢，一定有時間看電視。那就在一小時的電視節目中，利用三、四次廣告空檔，順便鍛鍊肌肉。

總而言之，就是靈活運用空暇時間，將肌力訓練巧妙融入日常生活中，而生活型態不要出現太大變動，這樣就很容易辦得到。以前我上班時，就算生活很忙碌，但還是能夠持續鍛鍊肌肉。即便一開始只能抽出一點點時間，也要趁忙碌時開始嘗試，只要能夠持續，就一定能看出成效。

從簡單動作著手，輕鬆享受訓練過程

肌力訓練好麻煩？沒錯，就算我是教練，也會覺得肌力訓練既麻煩又不輕鬆——它不像打網球可以彼此競賽，也不像踢足球那樣有團隊合作的樂趣。但是，我還是會持續鍛鍊肌肉。因為想要雕塑身材，沒有任何方法比鍛鍊肌肉還來得更有效率。只要肯鍛鍊肌肉，就能感覺到身體緊實的效果，相對地也能感到「快樂」。

本書所介紹的肌力訓練，目的在於雕塑身材，打造理想曲線。只要你期望「變成某種身材」，像是「想要提臀，讓腿看起來更長」、「想要胸膛厚實，穿西裝更好看」等等，並努力朝著目標訓練時，只要身體一出現這些令人滿意的變化時，任誰都會感到開心，訓練時也能夠樂在其中。

◉別太拚命！請從簡單的肌力訓練開始

因此，一開始鍛鍊肌肉時，千萬別太拚命。若全力以赴但效果不明顯，之後就會覺得肌力訓練無趣，進而想放棄。讓訓練變得有趣的關鍵，在於一開始肌力訓練時，先選擇不吃力且輕鬆的動作及做法。舉例來說，九十五頁的「平板撐體」，一開始膝蓋可先跪地進行，並將次數設定在能力範圍內。這樣做並不會馬上長出肌肉，體脂肪也不會減少，不過卻能夠慢慢完成訓練前無法做到的動作。像是原本無法完成十次伏地挺身，後來辦得到了；膝蓋無須跪在地上，就能完成三十秒的平板撐體，只要按步就班，**慢慢增加次數或秒數，一定能感受到達標後的「快樂成就感」**。

而且，鍛鍊後肌肉的緊繃，以及隔天微微的肌肉痠痛，對於喜愛肌力訓練的人而言，也是一種樂趣，因為這些信號正代表你的身體開始產生變化。

別顧慮他人眼光，按自我步調訓練

做過肌力訓練的人就知道，這些訓練不會受運動神經影響。就算一開始做不好，反覆練習後，就能掌握到肌肉用力的技巧。而且只要做對了，肌力訓練一定會有成效，肌肉會變得緊實，鬆弛的身體線條也會有所變化，接下來，多餘的脂肪會逐漸減少。因此，即便是自認沒有運動神經的人，也能和擅長運動的人一樣，透過肌力訓練打造出健美體格。

不擅長運動的人，或對體力沒自信的人，應該不太喜歡在其他人面前做訓練，但**若在自己房間裡頭，就可以不必顧慮別人的眼光，輕鬆自在地訓練**，同時也可以依照個人體力，進行適當的訓練。

◉三歲到八十歲，都能藉由訓練變強壯

肌力弱的人，只要在能力範圍內做自己目前做得到的動作即可，例如可單腳進行「仰躺抬腿（見九十七頁）」；還有「伏地挺身加轉體（見一〇〇頁）」。無法完成十次，就先從五次開始做起，等到肌肉養成後再增加次數。

還記得在國中或高中社團活動中，曾經一大群人一起進行相同動作的訓練，例如「伏地挺身二十次」。可是，這種訓練方式，對於某些人而言可能過於輕鬆，對於某些人卻負荷過大。就肌力訓練的成果來看，這種方法效率極差。

因此，配合個人體力進行的肌力訓練很重要。本書所介紹的肌力訓練，都可以為每一個人量身打造。所以**無論你的體力如何，都能辦得到，並且看出明顯效果**。即使是銀髮族也能因為訓練，刺激到肌肉，使肌纖維變粗壯、強化肌力。反過來說。若因為對體力沒自信而不做訓練，肌力只會一直往下掉，所以現在來停止這樣的惡性循環吧！

設定對的目標，訓練才能持續

無法維持毅力最大的原因，就是目標設定錯誤。最典型的例子，就是將目標設定成「先瘦五公斤」、「先減掉腹部脂肪」，因為大家總認為「現在的自己太胖了」、「想讓身材變好，不過在這之前得先減掉腹部脂肪」。

若出現這種「減法思考模式」，執行瘦身時就會變得很困難，因為有的人會開始勉強自己控制飲食，這樣或許可以減掉幾公斤，但兩、三週之後就會因毅力動搖，無法持續而開始復胖。毅力動搖還有一個原因，就是預先規畫做訓練的時間有很大的變數。舉例來說，有人規定自己「一、三、五下班回家練肌力」，但容易因工作或突發事件發生，而無法在預定時間做訓練，慢慢地毅力就動搖。

◉想變美、變帥？找出內心真正的動機

想要維持毅力最關鍵的一點，就是將驅使你鍛鍊肌肉的真正動機設成目標。也就是說，別想著「要減五公斤」、「要減掉腹部脂肪」，重點應放在「肌力訓練後想獲得什麼」。找出埋藏在內心深處的真正動機，再將動機設定成目標。

比方說：「想讓身材變得適合穿窄版西裝」、「和孩子去游泳時希望聽到別人說這個爸爸很帥」、「談生意時不希望因為身材感到自卑」、「想受女孩子歡迎」、「想讓另一半驚為天人」等，請將這些真正動機設定成目標。

最重要的是不能採用「減法思考模式」，而是要用「加法思考模式」來達成目標。不要想著「先減掉腹部脂肪」，而是想著「先讓胸膛變厚實」。光是想像目標，就會讓人產生動力，令肌力訓練變得很有吸引力。就算腹部脂肪還在，只要胸膛變得厚實，身材就會很吸引人。這樣子正向思考，毅力才能堅定不移。

只要有訓練，年紀再大也能長出肌肉

大家普遍認為「年輕人訓練一下就會長出肌肉，但是到了中年就很難將肌肉練出來」、「年過四十根本沒辦法擁有精實強健的肌肉」，但是事實並非如此。

在健美運動的世界裡，很多冠軍都是四十幾歲，**五十歲仍維持巔峰狀態的健美運動員更不在少數**。職業棒球也一樣，超過四十歲的現役選手愈來愈多，每一個人身材比例都很好。如果你認為這是因為「他們都有在做專業訓練」，那不妨觀察一下周遭差不多年紀的人，一定有些人一直維持著勻稱的身材。

肌肉的生長沒有年齡限制，縱使年過六十，經過訓練也能長出肌肉來。然而，不做訓練，肌肉量就會隨著年齡增長而逐漸減退。很多人到了中年，身材開始失去彈性、變得鬆弛，就是肌肉量流失所造成的。

◉不訓練，肌肉量會隨著年齡減少

只要讓肌肉進行適當訓練、加以刺激，並給予充份的營養與適度休息，就一定會出現「超回復（見七十頁）」現象。週而復始，肌纖維百分之百變得更粗壯，身體就長出強健的肌肉來。

話雖如此，還是有人會感覺「到了中年，再怎麼做肌力訓練後，肌肉都很難練出來」的狀況。這是當然的，因為比起年輕時期，身體囤積了更多的脂肪，以致於肌肉長出來了卻很難發覺，但追根究柢，應該還是深陷在「到了中年，肌肉很難練」的迷思裡。鍛鍊肌肉，永遠不嫌遲。不管你希望身材變成「什麼樣子」，無論幾歲都能實現。

感到疲憊時，適度休息也無妨

我們的日常生活不一定每一天都很規律，有時工作、聚餐、約會等事情插入行程，無法訓練時，有些人因此開始產生負面思考，像是「工作一忙起來可能很難持續」、「聚餐喝酒場合多，沒空訓練」、「親朋好友的約會也很重要」等等，最後得出了「總之，開始訓練也沒用」的結論。

一週當中，總會有幾天提不起興致或無法做訓練，遇到這種情形，**千要不要勉強自己，不妨休息一下，這就是持之以恆的祕訣**。一、二天不想鍛鍊肌肉，並不會造成太大影響。工作精疲力盡時，休息一下，想做時再做吧！若是不鍛鍊會心神不安的人，那就選擇在能力範圍內做一點點訓練。

◉工作疲倦時，可透過肌力訓練放鬆身心

上班族工作了一天回家後，總覺得沒有力氣再做肌力訓練。工作的確疲勞，肌力訓練也會累，不過對於大多數人而言，工作帶來的疲勞與肌力訓練所形成的疲累，兩者並不能畫上等號。

肌力訓練形成的疲累，是因為訓練時肌肉反覆用力，所以肌肉會疲累。但工作的疲勞卻相當複雜，很多時候與精神有密切的關係。舉例來說，有人會因為職場上複雜的人際關係，而感到煩惱；業務人員會被要求達到業績等等，這兩種疲勞是不相同的，所以就算工作疲勞，照理來說也不會因為太累而無法鍛鍊肌肉。

因此，當你感覺工作「好累」時，不如換個心情，**做點訓練放鬆身心，改善全身血液循環，這樣反而更有助於消除工作疲勞**。

動作愈簡單，愈能持續做

想做的肌力訓練動作過多，也是無法持之以恆的因素之一。特別在剛開始訓練的階段，訓練動作集中在三、四種即可。只要把握**「簡單做就好」的原則，不但沒有壓力，做起來也容易掌握動作的訣竅**，還能輕鬆學會正確姿勢。

把目標縮小一點，「想要厚實胸膛、還要緊實腹部，並且在夏天前瘦五公斤」，這樣過於貪心的目標，容易導致肌力訓練動作增加，最後導致無法持之以恆。因此，先將目標縮小為「緊實腹部」，再試著針對這個目標，從簡單的訓練開始。本書第六章將介紹具體的組合動作，請大家跟著做看看。等到訓練的技巧都學會之後，再增加訓練動作或強度，一定能找出適合自己最理想的訓練模式。

第3章

肌力訓練不用久，兩天練一次最有效！

兩天練一次肌肉，效果最好

運動員在練習時，有時會利用肌力訓練當作處罰，例如「射門不進就罰伏地挺身二十下」，或是「失誤就做三十次深蹲」等等。有過這類經驗的人，大概都會排斥肌力訓練，因為一想到「肌力訓練」，就想到處罰，做起來很痛苦。

但是想要實現理想體型而鍛鍊肌肉的人，不會將肌力訓練聯結於痛苦，而是聯結於肌力訓練的好處，也就是透過肌力訓練，可以塑造出強健、迷人的肌肉，獲得夢寐以求的體型。這樣子，就不會留下肌力訓練只有痛苦或白費力氣的刻板印象，而會讓人想要主動訓練。

本書所介紹的訓練，一點都不困難，也不嚴格，**基本上只要兩天做一次，最短五分鐘，大約二十分鐘即可完成，效果也能完全顯現**。

肌力訓練後，組織會被破壞並在一段時間後自動修復。修復後的肌肉會變得粗壯，這叫做「超回復（見七十頁）」現象。輕度的肌力訓練，只需要一天就能修復，所以可以每天進行。如果進行強度稍高的訓練，為了使肌肉有更好的修復，還是以兩天一次最為恰當。

◉利用體重，對欲訓練的肌肉群施加壓力

這樣的肌力訓練在家裡就能進行，也是一大特色。

平常我的工作，就是透過網路指導大家鍛鍊肌肉。我依照每一個人的目標與體力，設計不同的訓練課程，具體的做法，再請學員觀看影片解說，按步就班地

在家裡學習、訓練，再配合個人進度，持續透過電子郵件進行指導。

透過這種方式，真的幫助許多人只要待在家裡，就能鍛鍊肌肉，並實現了理想中的體型。因此，我並不認為，在家訓練鍛鍊肌肉的效果不彰。

在家當然缺少健身房齊全的運動器材，像是沒有槓鈴或啞鈴，不過，肌力訓練不需要使用器材也能進行。只需要**善用個人體重，在想強化的肌肉上施加適當負荷，就能有效鍛鍊肌肉**。這就是所謂的「自重肌力訓練」。

或許有人認為，個人體重無法改變施壓的大小，事實並非如此，只要變化身體角度或動作的幅度，就能用適合自己且足夠的負荷做訓練。

●與其花時間上健身房，不如在家鍛鍊

究竟不需要工具，在家也能做的肌力訓練，具有哪些優點呢？

最大的優點，就是不會浪費時間。無論車站前的健身房有多便利，我們還是得花些時間才能到健身房鍛鍊肌肉。交通的往返、在櫃台報到、到更衣室換衣服，搞不好使用某些健身器材還得排隊等候，這些都需要時間。針對這一點，在家裡訓練的話，幾乎不會浪費到這些時間。

其次，隨時都能進行也是很大的優勢之一。健身房的營業時間有限，但若在家裡訓練，無論清晨或半夜，隨時都能進行。只要心血來潮想訓練一下，馬上就能開始做，哪怕是邊看電視邊訓練，或是到外地出差，也可以在投宿的飯店訓練，完全不成問題。這樣的訓練方式，也比較容易持續。因此，在家訓練不但比上健身房訓練還有更多好處，效果也相當可期。

肌力訓練如果無法持之以恆，就沒有意義。如果每週有空上健身房三次的人，當然可以繼續上健身房，但要是做不到的人，請務必試試看這個方法。

想雕塑身材，訓練一定要有效率

我的職業是健身教練，與一般健身房的個人教練屬同性質行業。不過，我的經歷卻不同於他們。從小到高中，我並不特別關注肌力訓練這個話題。但在大學時代，因為在雜誌上，看到日本體育大學救生社團教練的一段話：「人愈鍛鍊愈堅強，而且愈堅強愈溫柔」而深受啟發，才開始努力訓練肌肉、雕塑體型。

在大學四年裡，我相當熱衷於肌力訓練。可是出了社會就沒有辦法常常上健身房。畢業後，我到了電子器材公司上班，工作十分忙碌。每天幾乎都是早上七點前踏出公司宿舍，再搭捷運末班車回家，完全沒時間上健身房。

當時我心想，既然這樣，只能靠自己從事不需工具就能做的運動。於是，就展開了做中學的日子。而我也從重視「努力程度與成果」、「時間長度與成果」，到後來轉為重視「訓練時所耗費的努力或時間，到底能獲得多大的成果」。

現在的我，擁有了讓周遭朋友稱讚不已的壯碩身材。為了與更多人分享成功經驗，我辭去了工作，選擇了目前的職業。雖然網路指導肌力訓練的服務，花了一點時間才讓大家接受，現今已逐漸上軌道，並獲得客人一致好評。其中最常聽見的評價，就是：過去減肥都不持久，不過這種肌力訓練終於能持續。

沒時間、健身很累，讓肌力訓練無法持久

肌力訓練無法持久的理由上百種。靠飲食控制的人常會反應：「雖然想少吃點，但是同事一邀約聚餐就無法拒絕」、「三餐食量減少了，但是沒辦法一直忍

住少吃，結果比以前更胖」。而靠運動減肥的人，通常會反應：「聽說跑步很輕鬆才會開始嘗試，不過跑完目標十公里至少花一個半小時，而且夏天很熱、冬天很冷，一點都不輕鬆。」

又或者是：「學生時代做過肌力訓練，例如伏地挺身、仰臥起坐、深蹲等，每次下定決心每天要做到一百次，不知不覺就半途而廢了。」還有「因為身材變得很糟糕，加入了健身房，可是當準備出門時，想到光要從家裡開車到健身房要十五分鐘，就覺得很麻煩。」

無論效果顯著與否，訓練都需要付出努力及時間，但對許多人而言，訓練很難堅持下去，因為一天並沒那麼多時間可以訓練。**想要有效雕塑身材，我認為不應該從事過多不必要的訓練。**所以，我希望大家能嘗試「有努力就有效果」，或「短時間就有效果」的有效訓練。我稱之為「事半功倍訓練動作」，也就是不用太辛苦，只要付出一些努力，或是在短時間內進行，就能獲得效果顯著的訓練成果。

◉扎實做好每一個動作，效果發揮更大

本書所推薦的肌力訓練動作，都是經過我在錯中學之後篩選出來的最佳動作，**每一個動作都是「有努力就有效果」**。為了提高效率，其中有些動作為複合式動作，也是本訓練法的特色之一。像是「伏地挺身轉體（見一〇〇頁）」，就是原本的伏地挺身加上轉體動作，有助於鍛鍊軀幹。具體做法將於第五章介紹。雖說是複合動作，但是動作相當簡單，不管運動神經或肌力好不好，每一個人都能輕鬆完成。另外，第六章介紹的組合動作訓練，都盡量控制在四種動作以內。

想要達成理想體型，那就利用做起來輕鬆，又有顯著效果的「事半功倍訓練法」，這樣訓練才容易持之以恆。

想維持好身材？請先拋開體重迷思

為了雕塑身材，許多人在開始鍛鍊肌肉時，常會訂下「減輕五公斤」、「絕對要瘦十公斤」這一類目標，但是這樣的目標有很大的問題。因為最後反而可能變成「雖然體重少了五公斤，但是鬆弛的身體曲線還是完全沒改變」、「雖然瘦了十公斤，但臉色變得憔悴、很難看，一點魅力也沒有」——縱使達成目標，成功減重五、十公斤，也不一定能變成自己滿意的身材。

體重，原本就只是代表身體狀態的一種指標，例如身高一百七、體重八十公斤的人，有的人看起來「肥胖又邋遢」，也有人看起來是「健壯又有男子氣概」。

周遭的人並不會以「體重」來評論你的身材，即便你對體重斤斤計較，為了

「胖兩公斤」或「瘦五公斤」而心情起伏，但別人通常只看外表不看數字。因此，關鍵不在於體重多少，而是擁有好看的身材、健康活力的體格、誘人的體態。

二十五歲後，肌肉會開始鬆弛

另一方面，把減輕體重當作唯一目標的人，除了會減去體脂肪，通常也會減去肌肉。肌肉只要缺乏鍛鍊，過了人體二十五歲的巔峰之後，每天就會以一定比例持續減少，全身會開始變得鬆弛，進一步演變成歐吉桑體型、歐巴桑身材。若減重時連肌肉也減去，就容易看起來像是中年人。

因此，想讓身體找回活力，就必須確實練出肌肉。**只要增加逐年減少的肌肉，就能讓身體回復到年輕時的狀態，打造出強健有活力的體格。**肌肉增加後，體重不一定會減輕。所以，即使體重沒什麼變化，身體還是能夠恢復年輕。

ＢＭＩ（身體質量指數）是另一種表示身體狀態的指標，可透過身高與體重依照下列公式計算出來。

「ＢＭＩ＝體重（公斤）÷身高（公尺）的平方」

日本肥胖學會認為，ＢＭＩ二十二為「標準體重」，超過ＢＭＩ二十五則為「肥胖」，ＢＭＩ未滿十八・五則視為「體重過輕」。這是根據日本人口調查多數人的平均值制定而成。數據指出，ＢＭＩ二十二左右是「最不容易生病且長壽人口最多」，一旦ＢＭＩ超過二十五，「慢性疾病比例會增加且死亡率也會提高」，而ＢＭＩ未滿十八・五「死亡率會升高」。至於台灣，國民健康署則建議台灣成人的ＢＭＩ應維持在十八・五至二十四之間；太瘦或太胖皆有礙健康。

雖然如此，每一個人的身體狀況不同，ＢＭＩ值一樣，外表卻截然不同。比方說ＢＭＩ二十二，有的人肌肉少、全身佈滿脂肪，有的人卻十分結實且肌肉壯碩。

◉想像美好身材，並轉為鍛鍊的動力

以我為例，就算我肌肉結實，體脂肪不多，但是我的ＢＭＩ值也快要到達肥胖等級。用這個以多數人狀況統計出來的數據判定，還是會得到「肥胖」的結果。可見，**開始進行肌力訓練時，不能將減輕體重或降低ＢＭＩ值設定成為目標，而是必須著重於外表**，比方說：「讓鬆垮的腹部變得緊實」、「雕塑出敢穿泳衣的身材」等等，描繪出具體的外表形象，並朝向這個目標進行訓練。

事先設定出真正的目標，能讓肌力訓練變成一種期待。不妨想像一下，當你成功打造夢寐以求的身材後，你會得到多大的快樂，例如：「終於穿得下合身的西裝」、「參加同學會時大家都稱讚說好年輕」、「贏得家人或公司同事的讚賞」、「健檢報告不再出現『異常』」、「高爾夫揮桿距離變遠了」、「找到另一半」等等，這種想要實現夢想的心情，一定會使人充滿鬥志，成為肌力訓練的動力。

胖瘦的關鍵，在於身體的「肌肉量」

從以前開始，我想吃什麼就會盡情享用，在飲食方面完全沒有設限。雖然偶爾會有熱量攝取較多的狀況，但還是能夠維持身材。

有些人訂下塑身目標後，就立即控制飲食，特別是採用「減法思考模式」，也就是想要「瘦五公斤」的人，愈容易傾向以控制飲食塑身。

想要減輕體重，的確可以靠著飲食控制，快速達成目標，但最後會發現事與願違。原本真正想要減掉的是體脂肪、並增加肌肉，但因為單靠飲食控制減輕體重的人，沒有鍛鍊肌肉，肌肉反倒減少了。飲食控制會造成製造肌肉的蛋白質等營養素不足，再加上缺乏肌力訓練、刺激肌肉，肌肉將逐漸減少。

肌肉減少後，身體會喪失肌肉的彈性，看起來比較衰老，外表會像所謂的歐吉桑體型、歐巴桑身材。這就是因為肌肉減少之外，多餘體脂肪囤積而成的，因此飲食控制，並無法改善這種中年人特有的體型。

再者，用控制飲食減輕體重的人，容易出現復胖現象。飲食控制並非人人都能輕鬆做到，即便短時間可以忍耐口腹之欲，但要持續卻非常困難。

肌肉多、基礎代謝率高，吃再多都不怕胖

而且，肌肉較結實的身材，在執行飲食控制後會形成「體脂肪多但肌肉少的體質」，最大特徵就是容易變胖。就算三餐熱量相同，但肌肉少的體質容易變胖，這也是靠飲食控制減重的人容易復胖的原因。肌肉多的人不容易變胖，肌肉

少的人容易變胖，想要改善體型，請謹記這項大原則。

我們的身體即使一動也不動，或是睡覺時，都會消耗熱量。維持體溫也需要熱量，大腦、心臟、肺部等器官為了運作也會消耗熱量，這些維持生命所必需的最低熱量，稱為「基礎代謝率」。

肌肉愈多的人基礎代謝率愈高，反之，肌肉愈少的人基礎代謝率愈低。因此，即使攝取相同熱量的飲食，肌肉多的人因基礎代謝所消耗的熱量多，不容易變胖。相反的，肌肉少的人因基礎代謝消耗的熱量少，相較之下容易變胖。

人到中年，若像年輕時攝取相同飲食，身體便容易囤積多餘脂肪。最大的原因就是，若沒特別從事運動，過了約二十五歲身體的巔峰期，肌肉會逐年減少一％左右，基礎代謝值也會隨之減少。所以，一旦攝取與年輕時相同飲食，因為身體代謝變差，就會愈來愈胖。因此，想要像年輕時維持不易變胖的身材，只有增加肌肉一途，以提高基礎代謝率。

◉多吃肉類、乳製品，幫助維持肌肉量

適當的飲食的確能加速身材的雕塑，但是想要擁有理想的體型、維持足夠肌肉量，還是得飲食均衡。「一餐不吃」或是「只吃蔬菜」這種極端的飲食方式，會造成營養素不足。當蛋白質不足時，肌肉就會相對減少。**想要維持肌肉量，肉類、魚類、乳製品、大豆製品等富饒蛋白質的食物，一定得充份攝取**。

當訓練進展順利、肌肉開始增加，基礎代謝就會提高，這時，吃得比以前多也不容易變胖。我完全不需要控制飲食，就是因為肌肉結實，基礎代謝率高的緣故。肌肉會消耗熱量，所以無論吃什麼也不擔心變胖。

想吃什麼都能盡情吃，這對於人類而言真是無比的快樂。所以鍛鍊肌力，增加肌肉，除了身材會變好看，還能有這些好處，真是一舉數得。

破解肌力訓練的迷思，教你正確健身

想要實現理想體型，必須活動身體才能鍛鍊肌肉、燃燒體脂肪。但是未依照理論使用正確方法進行的話，恐怕無法看出成效。這部份為大家介紹常見的三個常見的迷思。

迷思1 走路或慢跑，能減去體脂肪嗎？

似乎很多人「在意體脂肪的時候，會先去健走」。不管任何年齡或性別都能參與的健走，不需要學習特殊技巧，也不會造成過多的體力負荷，屬於安全的運動，所以很受大家的歡迎。不過健走很難如願地順利減去體脂肪。

最大的原因在於健走是低強度運動，得花很長的時間，否則無法消耗掉足夠熱量。依據衛福部國民健康署資料指出，**若以時速四公里健走半小時，體重六十公斤的人所消耗的熱量約九十三大卡。**

不過，每減少一公斤的體脂肪，需消耗熱量約七千大卡。如果光靠健走消耗熱量，得走將近四十個小時。簡單計算一下，就知道為何無法輕易減去體脂肪。

執行訓練時，我認為應該考量到「努力」及「時間」的CP值。從這個角度思考，就知道健走這項運動的「CP值」低到不行，對於每天忙到不可開交的人而言，健走不是太好的選項。

◉先做肌力訓練再做有氧運動，燃脂效果更好

如果不健走，那慢跑是不是比較有效呢？雖然慢跑的確可以增加約三倍的熱量消耗，但同樣需樣很長的時間才能夠減掉體脂肪。不管是健走、慢跑，或是游泳等有氧運動，都是屬於動多少就只消耗多少熱量的運動。也就是說，有運動的日子才會消耗熱量，沒運動的時候便無助於熱量的消耗。

相反的，透過肌力訓練長出肌肉的人，因為肌肉一增加，基礎代謝率就會提高，因此自然而然熱量的消耗也會增加，不需要做許多消耗熱量的運動。不管是在工作、吃飯，甚至睡覺時，肌肉增加多少，基礎代謝所消耗的熱量就會增加多少，一天二十四個小時都在消耗熱量，而且無論今天、明天或後天都會持續下去。以肌力訓練減少體脂肪的效果，確實比較有效。

有氧運動當然不是一點意義都沒有，關鍵在於動作的搭配。在實際鍛鍊身體

時，必須**先進行肌力訓練，再從事有氧運動，塑身的效果將倍受期待。依照這樣的順序，可以更有效地刺激「成長賀爾蒙」，幫助體脂肪燃燒**。倘若先做有氧運動，可能造成肌肉疲勞，無法有效鍛鍊肌肉。

迷思2 想長肌肉就得增加訓練次數!?

很多人相信伏地挺身或仰臥起坐這類肌力訓練，做愈多次效果愈好。這大概是受到「不辛苦的肌力訓練，看不出成效」這種錯誤觀念所致。

不過這是錯誤的觀念。如果有人可以重複做一百下伏地挺身，表示這項運動，對他而言強度過低，無法達到增肌的目標。**當進行同一個動作超過一定次數後，身體將轉為訓練肌肉的肌耐力**。可是，有良好的肌耐力，不代表有很高的肌肉量，就結果而言，運動的次數再多，對雕塑身材曲線也沒有幫助。

與其增加次數，還不如改變身體的角度，以提高負荷，每組動作只要做十到十五次左右，讓身體有感覺，效果反而更好。

迷思3 只要身體流了汗，就是有效的訓練？

認為「身體有動就行了」、用自創方式進行肌力訓練的人要特別注意了，如果動作的姿勢錯誤，再怎麼鍛鍊，一點意義都沒有。

以深蹲為例，有些人認為只要往下蹲、膝蓋彎曲即可。但若往下蹲時，膝蓋超過腳尖，或是背部彎曲，不但無法練出效果，還可能導致身體受傷。正確的深蹲姿勢，應該是如九十頁所示，將背部打直，臀部往後方突出去再往下蹲。

「感到體力吃不消」不等於「正確刺激肌肉」，雖然活動後滿身大汗，讓人充滿成就感，但姿勢錯誤就無法有效達成鍛鍊效果，所以正確姿勢猶為重要。

第 4 章

體脂肪太高，絕對無法變瘦！

脂肪過度囤積，最後就是變胖

總是「想要再瘦一點」的人，可能會視體脂肪為「人類宿敵」，但體脂肪原本是人類最強盟友，幫助人類在嚴苛的自然界中得以生存下去。

人類自古以來，總是生活在不知何時能取得食物的環境下，一直在對抗飢餓問題。所以，有食物吃時盡情享用、將營養積存於體內，這種行為十分合理。

因此，營養積存能力高的人，也就是容易囤積體脂肪的人得以生存，營養積蓄能力低的人，也就是不易囤積體脂肪的人將遭到淘汰。最後，擁有容易囤積體脂肪基因的後代，得以生存在地球上。可見，人類身體為了擺脫飢餓、生存下來，才演化出容易囤積體脂肪的基因。

體脂十%，代表體內有一個月的食物

囤積體脂肪的能力，是在原始時代時，為了在飢餓中求生存，以維持生命，然而，在現今糧食無缺的時代下，卻只會導致肥胖，成為危害健康的一大主因。

到底人類要吃進多少熱量，才會形成體脂肪囤積下來呢？為了讓大家容易明瞭這個概念，先來簡單計算一下。舉例來說，體重六十公斤、體脂肪十%，這麼苗條的人身上有六公斤，等於六千公克的體脂肪。一公克脂肪約九大卡，合計五萬四千大卡。這樣的份量是多少？假設人一天飲食所攝取的熱量大約兩千大卡，五萬四千大卡相當於二十七天的飲食熱量！**縱使體脂肪只有十%的人，身上積蓄的體脂肪，幾乎與一個月份的飲食熱量不相上下。**

倘若體脂肪為二十%，就會變成兩倍。就算不是特別肥胖的人，也會將大約兩個月飲食總熱量當成體脂肪囤積下來。因此現代人更要小心體脂肪過度囤積。

減掉內臟脂肪，才能真正享瘦

體脂肪過度囤積的身體，全身都是鬆弛的肥肉，一點也不好看。但如果肌肉結實，就算身體脂肪偏多，還是可以看出身材的曲線。

不過，想要追求理想身材，還是得減去多餘體脂肪。減去體脂肪後的身體，會看起來變得精實。因為當覆蓋在肌肉上的脂肪層變薄了，肌肉曲線就會變得明顯，腰圍也會呈現平坦纖細的線條。

減肥還有一個優點，就是保持身體的健康。現在台灣與日本一樣，肥胖人口與日俱增，造成很嚴重的問題，因為肥胖會導致各種慢性病病。

大家都聽說過代謝症候群，較肥胖的人常被稱作「三高族群」。正確來說，符合下述這兩種現象的人，就會被診斷為代謝症候群。

◆男性腰圍超過九十公分，女性則超過八十公分的人。

◆糖尿病、高血壓、脂質異常症（見註※）這三種症狀中罹患二種以上者。

●內臟脂肪過多，易威脅健康

體內囤積的脂肪，也就是體脂肪，大致可區分成「皮下脂肪」與「內臟脂肪」。皮下脂肪就是長在皮膚下方的脂肪，最大特色就是用手可以捏起來。腹部的皮下脂肪一旦增加，就會變成二、三層的游泳圈，女性大多屬這類型的肥胖。

※常被稱為高血脂症，指血液中的膽固醇、中性脂肪等脂質含量過多且超過標準，使心肌梗塞以及腦溢血等風險增加。

而代謝症候群則與內臟脂肪有關，脂肪層不容易捏起。因為內臟脂肪會囤積在腸胃附近，因此腹部會像氣球一樣鼓起來。這種類型肥胖以男性為多數，被診斷出代謝症候群的患者也大多是男性。

測量腰圍是為了調查內臟脂肪是否過多。根據國民健康署統計，只要男性腰圍超過九十公分、女性腰圍超過八十公分，代表內臟脂肪量已經超出標準，健康可能會出問題。

雙管齊下，減去內臟脂肪時亦可塑身

究竟為什麼內臟脂肪會造成問題呢?皮下脂肪不像內臟脂肪，不會引起太多健康問題。內臟脂肪過多，不僅影響體型，潛在的健康危害也大。內臟脂肪的脂肪細胞會釋放妨礙身體運作的物質，加速動脈硬化，導致糖尿病、高血壓、脂質異常症的惡化。

持續放任不管，不但糖尿病、高血壓、脂質異常症惡化，最終將導致心肌梗塞或腦溢血等問題，增加攸關生命疾病的危險性。為了防止這種事情發生，減少內臟脂肪尤為重要。

請大家先測量一下腰圍，如果超過標準，請認真考慮減少內臟脂肪。內臟脂肪是最先會被減掉的脂肪，只要運動或基礎代謝所消耗的「消耗熱量」，大於飲食的「攝取熱量」，就能確實減掉內臟脂肪。

腹部斷面示意圖

內臟脂肪型肥胖容易引起慢性疾病

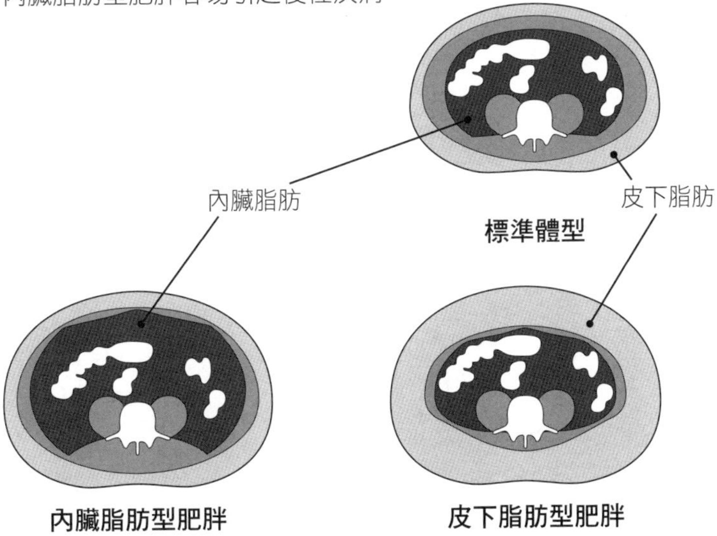

若只聚焦在減掉內臟脂肪也很可惜。建議大家同時鍛鍊肌肉、增加肌肉量，改善代謝症候群的同時，也是雕塑體型的大好時機。

飲食控制，反而使基礎代謝率下降？

那究竟我們該怎麼做才不會讓體脂肪增加呢？有人會認為，飲食中不要攝取脂肪（脂質）就好了，但很遺憾，這是錯誤見解。不管是脂肪、醣類或蛋白質，只要攝取的份量超出所需，多出來的部分都會在體內合成為體脂肪囤積起來。所以，無論有沒有攝取脂肪，都無法解決根本問題。

體脂肪增加或減少，取決於從飲食中獲得的「攝取熱量」，及運動和基礎代謝使用的「消耗熱量」兩者之間的關係。**當攝取熱量超過消耗熱量，多餘的熱量就會形成脂肪積蓄在體內，使體脂肪增加。**

因此，想要減少體脂肪，必須讓身體處於「消耗熱量大於攝取熱量」的狀態。我們可以從如何增加消耗熱量、減少攝取熱量這兩方面去思考。雖然一直大量消耗熱量，確實能減少體脂肪。但最重要的是兩者之間的平衡。

很多人會以控制飲食來減少攝取熱量，不過單靠控制飲食來減肥，使人看起來消瘦憔悴，沒有好的體態，也大多無法持之以恆。我看過太多類似的案例，就算一開始很拚命，但某段時間就會厭惡飲食控制，並且開始復胖。

而且**人體在飢餓狀態下，為了求生存會降低基礎代謝率**，體溫會稍微下降以減少熱量的消耗。因此控制飲食者，會在飲食減量的某段時期，體重出現停滯，同時也會誘發復胖。

最理想的方式就是增加消耗熱量，維持「消耗熱量大於攝取熱量」的關係。妥善運用這種方法，便不容易出現復胖，可以輕鬆維持體脂肪減少的狀態。若不想要進行不合理的飲食控制，那就想想看如何增加消耗熱量。

增加骨骼肌肉量，提升基礎代謝率

想要減掉體脂肪，通常建議增加消耗熱量。消耗熱量可依下述公式計算：

「消耗熱量＝身體活動量＋基礎代謝率＋攝食生熱效應」

與消耗熱量有關的三大項活動比例與概要，請參閱六十九頁的「平均消耗熱量比例」一覽表。第一項為身體活動量。只要多走路、不搭電梯、改走樓梯等等，增加一般活動量就能提高。

第二項的基礎代謝率，佔整體消耗熱量的百分之六、七十，比起身體活動量更能消耗熱量，但因為大部分人都認為想要燃燒體脂肪，就得先運動，所以基礎代謝率很容易被忽略。

第三項是攝食生熱效應。若在飲食中攝取較多蛋白質，多少會提高一些熱量的消耗，但在減少體脂肪方面並無幫助。

◉過了中年，肌肉量便開始流失

也就是說，想要增加消耗熱量以燃燒體脂肪，還是得思考如何「增加身體活動量」及「增加基礎代謝率」。其中因為基礎代謝率佔人體消耗熱量比例最高，因此，思考如何增加基礎代謝值，對於增加消耗熱量才算是最理想的方式。

各年齡層之基礎代謝率不同，十五到二十九歲這段期間是巔峰，爾後逐漸下降，最大的原因在於肌肉量減少。假設一名成年男性的基礎代謝率為一千五百八十大卡，五十歲以後會減少至一千四百大卡，也就是說，他的基礎代謝率每天減少一百八十大卡，相當於一片草莓吐司，或一罐可樂的熱量。

換句話說，人到了中年，肌肉量開始減少，就如同每天多喝一杯可樂，所以即便食量與年輕時相同，體脂肪也會逐漸囤積。

基礎代謝率乃是肌肉、大腦、肺臟、心臟、肝臟、胃等器官，為了維持生命身體所需的最少熱量。其中熱量消耗最多的就屬肌肉，這裡所指的肌肉為骨骼肌。想要增加基礎代謝率，透過鍛鍊、增加骨格肌的肌肉量，是最有效的方式。

不論幾歲開始鍛鍊，都能增加肌肉量

或許有人會擔心，真的有辦法增加肌肉量，回到年輕時候的狀態嗎？這絕非難事。只要適度鍛鍊肌肉，別說是三、四十歲的人，就連五十幾歲的人也可以讓身體恢復年輕。**肌肉這種組織非常單純，只要給予適當刺激，就會開始生長出強壯而有力的肌肉**。因此只要反覆鍛鍊，不管幾歲都能打造出理想身材。

一旦肌肉量增加，基礎代謝率就會提升，消耗熱量也隨之增加。這樣一來，消耗熱量就會超過攝取熱量，使多餘體脂肪逐漸減少。長出肌肉的身體，比較容易消耗熱量，就算稍微多吃，體脂肪也不會增加，也就不容易變胖。

像健走或慢跑這類運動，做多少才能消耗多少熱量。萬一工作太忙或是遇到下雨天沒去運動，便無法消耗熱量。反之，只要增加了肌肉量、提升基礎代謝率，縱使什麼都沒做，熱量每天還是會被消耗掉，這點與增加活動量的瘦身方式，有很明顯的不同。

平均消耗熱量比例

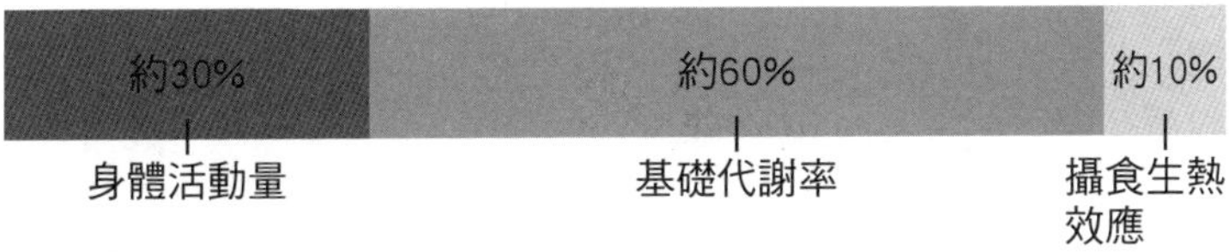

- **身體活動量**
  包含做家事、運動等日常生活中活動身體所消耗的熱量。

- **基礎代謝率**
  人體在靜臥等安靜狀態下，用以維持生命及生理機能（呼吸、血液循環、維持體溫等）所需的能量。

- **攝食生熱效應**
  攝取食物後，因消化、吸收、營養素運送等產生的熱量

利用「超回復」，讓肌肉不斷變壯

肌肉如果長期缺乏使用，將逐漸變弱；反之，常常訓練就能使肌肉變得強壯有力。這是為什麼呢？接下來我要簡單明瞭地說明「超回復」這個機制。

當在肌肉上增加負荷，對肌肉造成刺激，組成肌肉的肌肉纖維會形成微小損傷。**受損的組織會在體內自然修復，不過為了避免再次損傷，肌肉就會修復得比過去稍微粗壯，這種機制便稱作「超回復」**。因此，肌力訓練後，肌肉受到損傷，只要適度休息，讓身體修復，經由超回復機制，肌肉會比之前變得更粗壯。

若想好好突顯肌力訓練的效果，最理想的方式就是利用超回復機制，抓住肌肉回復的時間點，進行下一步的肌力訓練。不斷重複藉由「肌力訓練刺激肌肉↓讓肌肉休息促進超回復機制↓肌肉變強壯」的循環，肌肉就慢慢成長變壯。

只要了解這種機制，就等於掌握了增加肌肉的關鍵。即便每次訓練後所獲得的效果看似微乎其微，但是比起訓練之前，肌肉確實變得粗壯。

●訓練的強度與頻率，都要兼顧

超回復機制的第一個關鍵就是肌力訓練的「強度」。想要達到超回復現象，訓練強度必須強到可以使肌肉纖維適度受傷的程度。負荷過輕不只不會造成損傷，也無法引發超回復現象，更不用期待肌肉會變粗壯。

另一個關鍵則是肌力訓練的「頻率」。想要獲得更有效率的肌力訓練效果，引發超回復現象，就得適時進行下一次的肌力訓練。

因此前面所提，**每隔一天訓練的頻率最為理想。若時間間隔過大，恐怕在進行下一次肌力訓練時，超回復的效果已經消失。**每週一次的肌力訓練，就是因為這樣，所以即使訓練內容再充實，效果都無法顯現。

相較之下，就算每次訓練內容不那麼充實，但只要達到必需強度，每週進行三次更能獲得顯著效果。

想要一步步實現理想體型，與其每週上健身房一次，勉強自己經常運動，不如每週在家裡，隨意進行三次負荷的肌力訓練，這樣鍛鍊起來有效率得多。

超回復示意圖

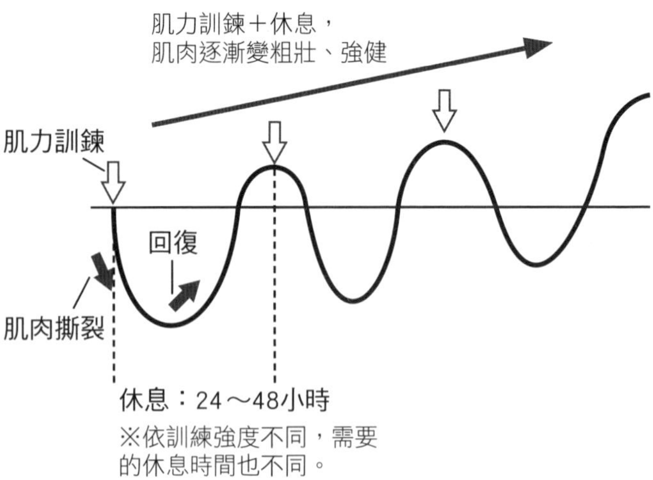
肌力訓鍊＋休息，
肌肉逐漸變粗壯、強健
肌力訓鍊
回復
肌肉撕裂
休息：24～48小時
※依訓練強度不同，需要
的休息時間也不同。

第 5 章

學會26個燃脂動作，增肌・減脂・練線條

鍛鍊前，請先做到六件事

本章將具體介紹二十六種肌力訓練的方法與動作。開始之前，提醒大家在訓練時務必要注意下述事項，以便能更充份的刺激肌肉，用最小努力達到最大效果。

正確的姿勢，比次數更重要

想對肌肉施加預期負荷以使之強壯，訓練時姿勢一定要正確，否則就訓練不到目標肌肉。因此，一開始請注意姿勢是否正確且確實，次數不是最主要重點。

肌肉還不夠強壯的人，一旦負荷太大，姿勢容易失去正確性。這時應先減輕負荷，調整成正確姿勢再繼續。若出現反作用力或用力過度都代表動作錯誤。

將注意力集中在目標肌肉上

請參閱七十八頁的「人體肌肉全圖解」，先了解身體肌肉構造，才能明白正在進行的訓練能強化哪個部位的肌肉。進行訓練時，務必將注意力集中在欲訓練的肌肉上，這樣才能確實鍛鍊到目標肌肉，並獲得預期效果。

呼吸很重要，記得放輕鬆

呼吸不需要什麼技巧，只要留意收縮肌肉時應該吐氣，伸展或是放鬆肌肉時應吸氣，並且在大部分情形下都不能停止呼吸。太過在意反而無法自然呼吸。

一開始進行肌力訓練時，可以用力大聲喊出「一！」「二！」「三！」。這樣在發聲的瞬間就會吐氣，下一刻便能自然吸氣。

前後均衡鍛鍊，更加有效率

雕塑身材時，很容易只注意到身體前側，例如胸部或腹部。但一般認為最好看的身材，就是均衡勻稱的體型。因此，肌力訓練最重要的觀念，是「前側訓練完，再鍛鍊後側」，也就是鍛鍊完胸部與腹部的肌肉，還要訓練後背肌力。

此時「拮抗肌」就能發揮最關鍵的角色。所謂的拮抗肌，就是採相反動作、行拮抗作用的肌肉。比如手肘彎曲時，肱二頭肌會收縮，肱三頭肌會配合放鬆；手肘伸直時，肱三頭肌收縮，肱二頭肌則處於延展狀態。

透過輪流鍛鍊拮抗肌，可使單側肌肉休息，如此才能適度進行訓練，也能施加較強負荷。舉例來說，想要加強胸部與後背時，不能採用「胸部三組」→「後背三組」的訓練方式，應以「胸部→後背」各三組的方式進行訓練。

強度以重複十至十五次為優

想要有效地達到肌力訓練的效果，務必給肌肉強度適中的訓練。本書所介紹的肌力訓練動作，基本上以重複十至十五次為標準。

完成時若感覺有點吃力，就代表訓練的強度適中，並應以此次數重複進行二、三組，動作要「大一點、慢一點」，並留意進行的速度須一致。若動作可以進行到三、四十次，則表示強度太弱，無法有效率地使肌肉變強壯。

次數要比先前一次多一%

階段性提高肌力訓練的強度也是很重要的。每一次訓練可以設定超越上一次訓練的一%為目標，也就是假設，某個動作十次共三組的訓練內容，可以輕鬆完成後，下一次就要增加為十一次。等到能固定完成標準十五次左右，下一個階段就要增加組數。一組動作不要做超過十六次，而要最好可以分成四組進行。

人體肌肉全圖解

【正面】

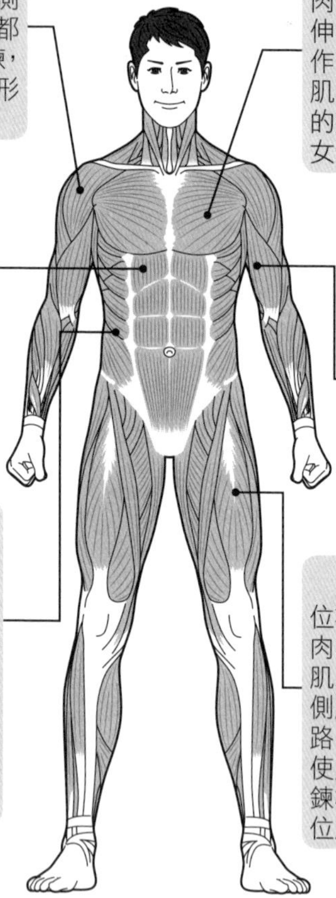

三角肌

覆蓋在肩關節的三角形肌肉，手臂往外側或前後移動等動作都會使用到。只要鍛鍊，就能突顯出倒三角形的身材輪廓。

胸大肌

覆蓋在胸部前方的肌肉，手臂由外往內伸，或是往前推等動作都會使用到胸大肌。是想要厚實胸膛的男性、堅挺美胸的女性最在意的部位。

腹直肌

縱向覆蓋在腹部正面的肌肉，上半身往前傾等動作會使用到這裡。想要擁有緊實的腹部曲線，可以針對此處進行鍛鍊。

肱二頭肌

位在雙臂正面的肌肉，彎曲手肘等動作會使用到。想要看起來肌肉結實的男性，一定要鍛鍊這個部位。

腹斜肌

位在側腹部周邊的肌肉，由腹外斜肌及腹內斜肌二個斜向肌肉層組成。上半身往側邊傾，或扭轉身體等動作會使用到。在意腹部曲線的人可以鍛鍊這個地方。

股四頭肌

位在大腿正面的大肌肉，可細分為股直肌、股內側肌、股外側肌、股中間肌，走路、跑步等動作都會使用到，也是肌力訓鍊標的中最重要的部位之一。

進行肌力訓練時，須將注意力集中在「欲鍛鍊的部位」。刺激肌肉的強度，須達到訓練結束後肌肉會感覺緊繃的程度才有效。

【背面】

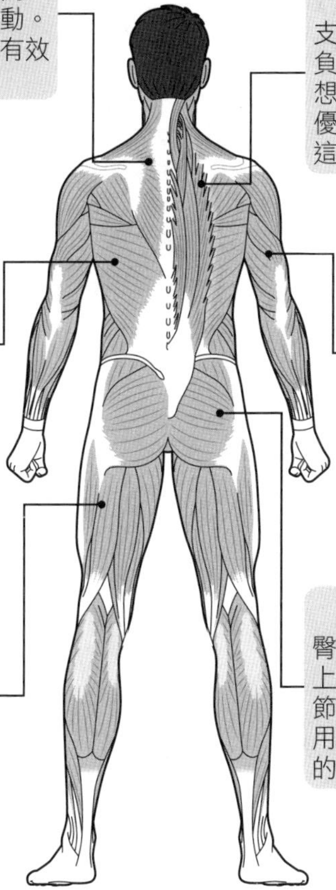

斜方肌
大面積分佈在頸部後方至肩膀及後背的肌肉，關係到肩胛骨的活動。訓練這個部位，可有效消除肩膀痠痛。

豎脊肌
支撐脊椎的肌肉，肩負維持姿勢的功能。想要保持後背挺直的優美姿勢，就要鍛鍊這個部位。

背闊肌
覆蓋在身體側面至背面的肌肉，將往前伸展的手臂往身體拉回來等動作會使用到這部位。強以鍛鍊，有助於塑造出倒三角形的上半身線條。

肱三頭肌
位在手臂後面的肌肉，手肘伸直等動作會使用到。想要消除蝴蝶袖，就要針對此處進行鍛鍊。

腿肌
大腿後面的肌肉群，彎曲膝蓋，或是將大腿往後拉等動作都會使用到。想要雕塑美腿線條，就要注意這個部位。

臀大肌
臀部的肌肉，跑步、上樓梯等與伸展股關節有關的動作都會使用到。鍛鍊後有提臀的效果。

難度
★☆☆

❶ 肩膀伸展

大幅度旋轉肩膀以放鬆肩膀周邊肌肉。建議在上半身肌力訓練前後進行，能預防肩膀痠痛。

運動部位	肩胛骨周邊、胸部
目標肌群	斜方肌、胸大肌
次　數	10次（前後分開計算）

❶ 採站姿，指尖置於雙肩，手肘於胸前靠攏。

❷ 手肘從前方往上抬高，然後直接往後旋轉。

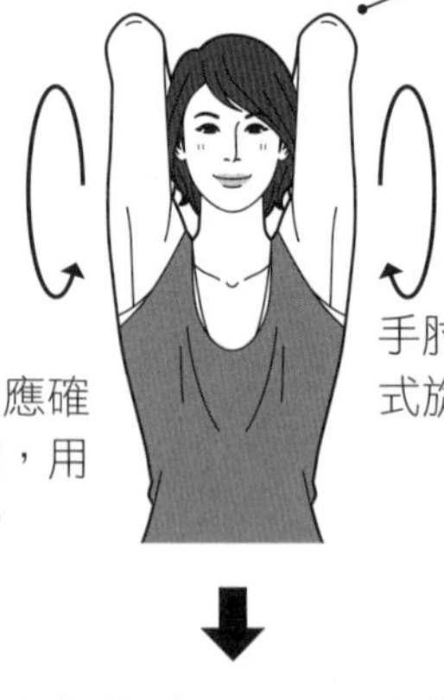
旋轉手臂時，應注意手腕至手肘的部分須碰觸到耳朵
手肘以劃圈的方式旋轉
手臂放下時，應確實將胸部打開，用力活動肩胛骨

❸ 持續動作回到❶的姿勢（到此算1次）。完成一定的次數後，再反方向進行。

難度★☆☆ ❷ 胸部伸展

側躺下來進行的伸展動作。慢慢將手臂打開，可有效放鬆胸部肌肉，以及改善肩膀痠痛。

運動部位	胸部
目標肌群	胸大肌
次　數	2～3次（左右分開計算）

❶ 採側躺姿，左手往前伸直。

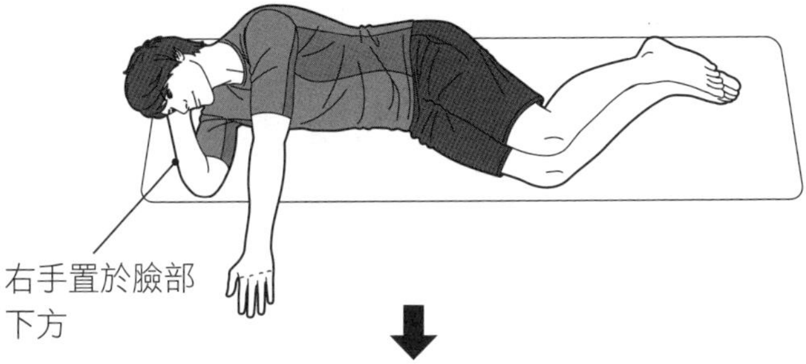
右手置於臉部
下方

❷ 手臂往後旋轉，將身體打開。

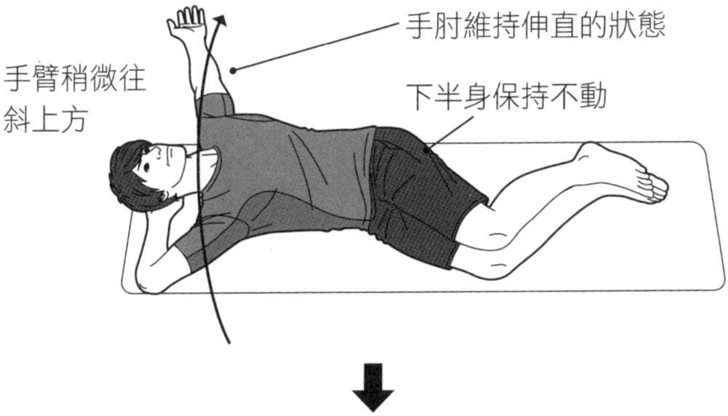
手肘維持伸直的狀態
手臂稍微往
斜上方
下半身保持不動

❸ 手臂往前移動回到❶的姿勢（到此算 1 次）。

難度 ★★☆	❸ 大腿後側伸展

伸展大腿後側，放鬆周邊的痠痛現象。也可改善進行其他肌力訓練時的動作以及姿勢。

運動部位	大腿後側
目標肌群	腿肌
次　數	2～4次

❶ 右腳靠在牆上。

變化動作

不易保持平衡者可將腳放在椅子上。

❷ 彎曲股關節使上半身前傾，靜止10秒。

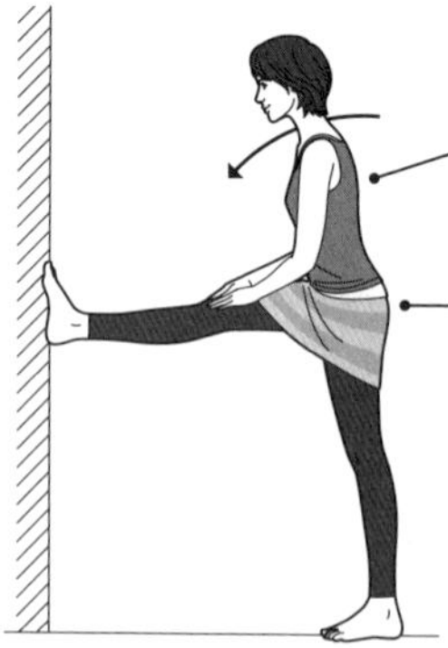
後背保持挺直的狀態
注意骨盤要隨時與
牆壁保持平行

❸ 抬起上半身回到❶的姿勢（到此算1次）。左右腳輪流進行。

難度 ★☆☆　❹ 腿部伸展

後背挺直坐在椅子上，單腳抬高的動作，可輕鬆強化下半身。在客廳或辦公室也能進行。

運動部位	軀幹、大腿
目標肌群	豎脊肌、股四頭肌
次　數	10次（左右分開計算）

❶淺坐在椅子上。

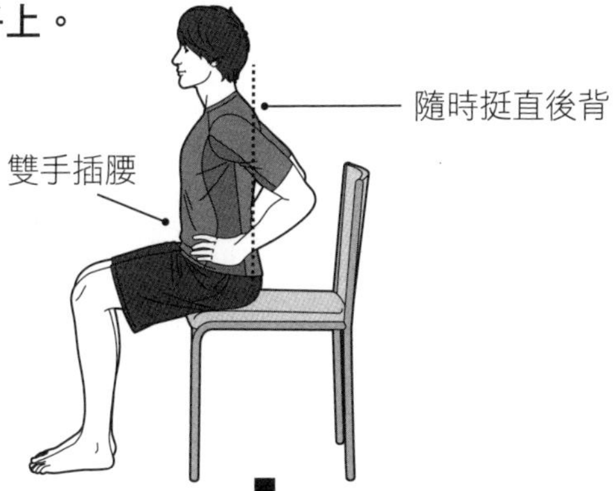
隨時挺直後背
雙手插腰

❷右腳抬高後膝蓋打直。

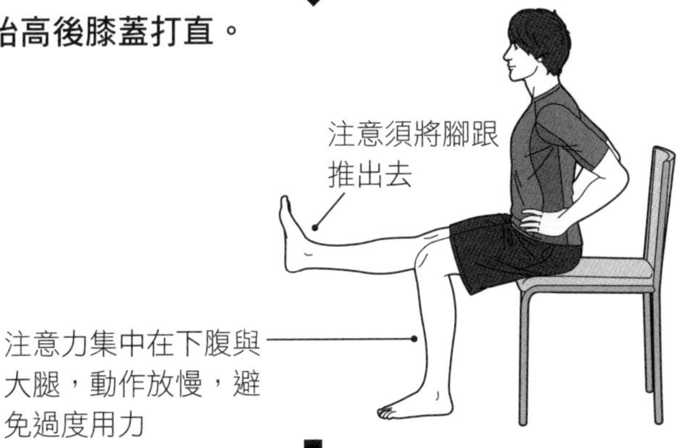
注意須將腳跟
推出去
注意力集中在下腹與
大腿，動作放慢，避
免過度用力

❸右腳放下回到❶的姿勢（到此算1次）。完成設定次數後，左腳也以相同方式進行。

難度 ★★☆

❺ 手臂上舉

雙肘緊靠往上舉高，可以刺激胸部的肌肉。想美化胸部曲線，或拉提胸型的人一定要試試。

運動部位	胸部、手臂
目標肌群	胸大肌、肱三頭肌
次　數	10次

❶ 雙手的手肘與手掌於胸前緊靠。

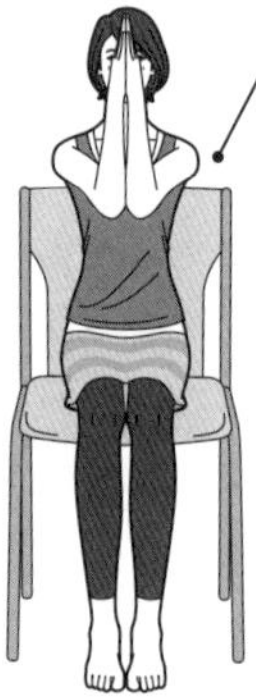
手臂與手臂互相推壓

❷ 手肘與手掌保持用力互推的狀態，用5秒鐘時間慢慢往上舉高。

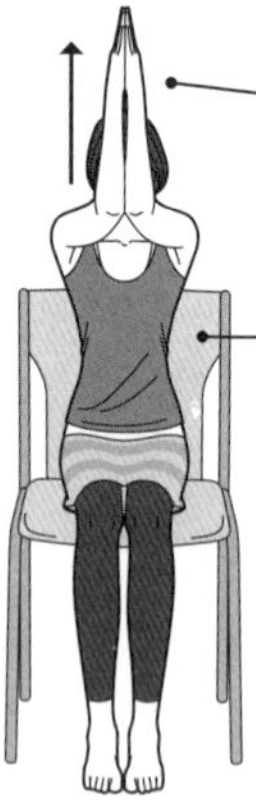
手臂盡量舉高
注意力放在胸部的肌肉

❸ 手臂慢慢放下來，回到❶的姿勢（到此算1次）。

難度 ★★☆　⑥ 椅上撐體屈伸

背向椅子，反手按壓支撐點，曲手後撐直。可刺激雙臂後側，有助於緊實手臂。

運動部位	手臂
目標肌群	肱三頭肌
次　數	10次

❶ 雙手靠在椅子邊緣以支撐身體。

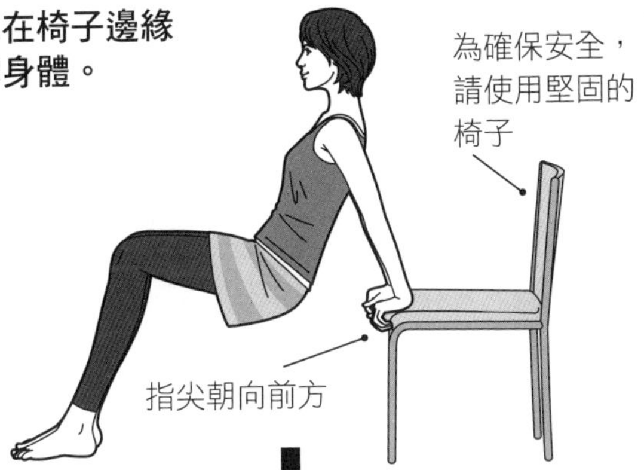

❷ 膝蓋彎曲，身體往下坐。

只使用臂力，避免使用下半身
臀部要低到幾乎碰觸地面

變化動作

雙腳位置離椅子越遠難度越高。

❸ 膝蓋伸直，回到❶的姿勢（到此算1次）。

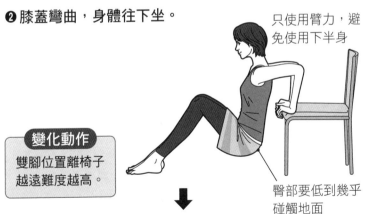

難度 ★★★　❼ 抬腿平衡

動作採站姿，將手腳打直，慢慢地抬起腿，單腳站立。可大範圍強化從肩膀至臀部的肌肉。

運動部位	肩膀、軀幹、臀部、大腿
目標肌群	三角肌、豎脊肌、臀大肌、股四頭肌
次　數	10次

❶ 採站姿，雙手伸直於胸前合攏緊靠。

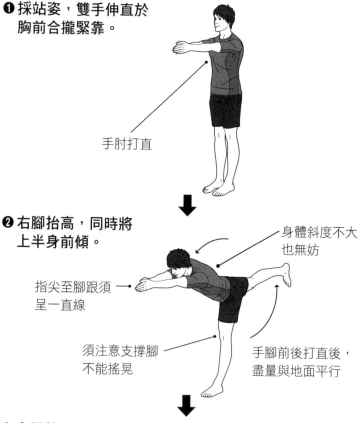

手肘打直

❷ 右腳抬高，同時將上半身前傾。

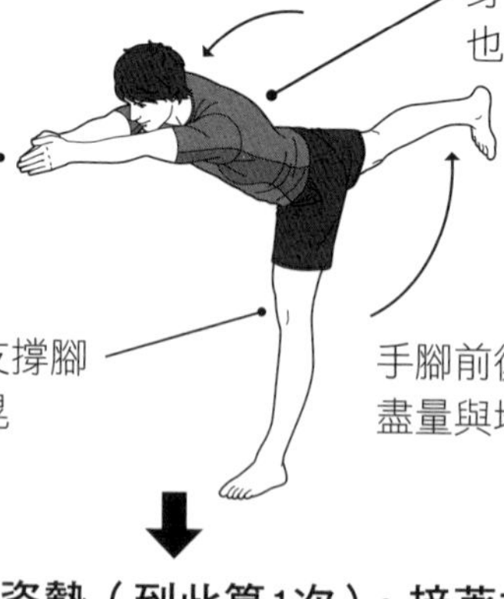
身體斜度不大也無妨
指尖至腳跟須呈一直線
須注意支撐腳不能搖晃
手腳前後打直後，盡量與地面平行

❸ 右腳放下回到❶的姿勢（到此算1次）。接著左右腳輪流進行。

難度 ★★☆　❽ 舉手深蹲

雙腳前後打開站立，雙手舉高進行深蹲，有效強化下半身與軀幹。

運動部位	軀幹、臀部、大腿
目標肌群	腎脊肌、臀大肌、股四頭肌
次　數	10次（左右分開計算）

❶右腳往前跨，雙腳前後打開一大步，雙手於頭頂上交握。

後背確實挺直

❷慢慢用力往下蹲。

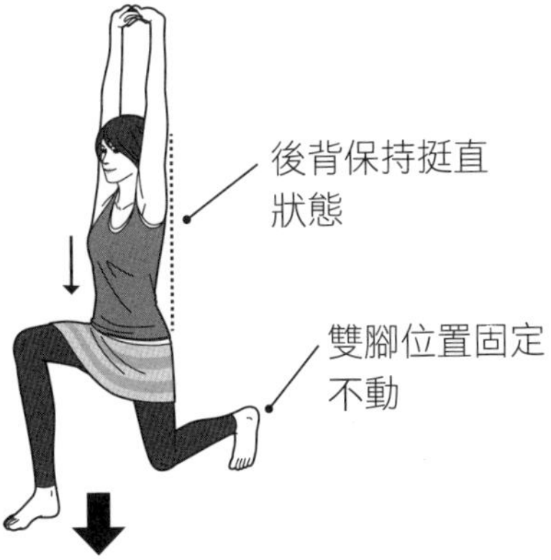
後背保持挺直狀態
雙腳位置固定不動

❸雙膝打直，回到❶的姿勢（到此算1次）。完成設定次數後，換左腳進行。

難度 ★★☆	⑨ 坐姿深蹲

模仿坐姿的深蹲動作，針對下半身進行訓練並強化軀幹，鍛鍊正確的深蹲姿勢。

運動部位	臀部、大腿
目標肌群	臀大肌、股四頭肌
次　數	10次

❶站在椅子前面（沒有椅子也無妨）。

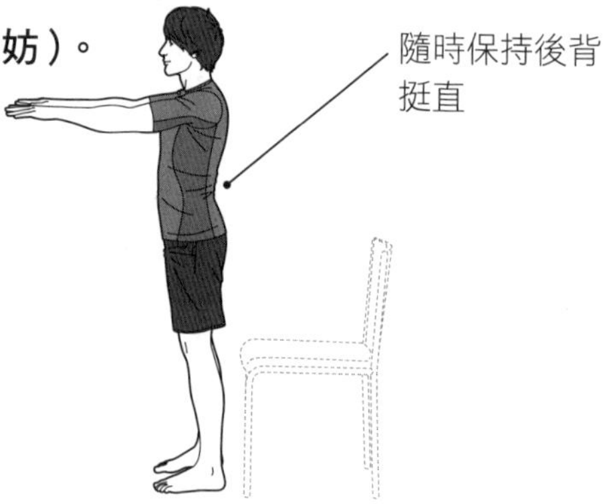
隨時保持後背挺直

❷如同要坐在椅子上，慢慢往下坐。

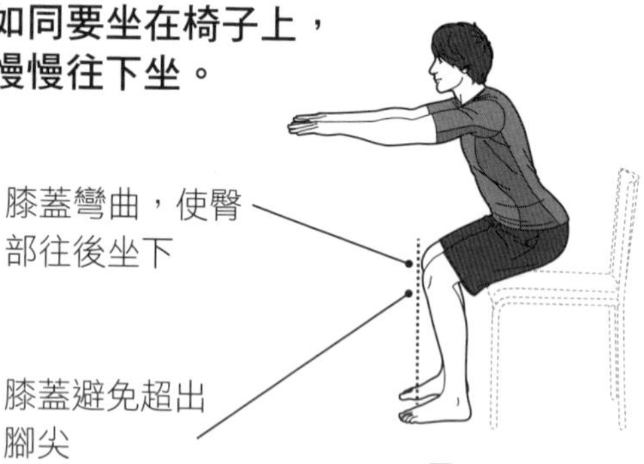
膝蓋彎曲，使臀部往後坐下
膝蓋避免超出腳尖

❸膝蓋打直，回到❶的姿勢（到此算1次）。

難度 ★☆☆　⑩ 手肘碰膝

採站姿進行，利用上半身扭轉的動作，刺激側腹部，再透過抬腳的動作緊實下腹部。

運動部位	臀部、大腿
目標肌群	腹斜肌、股四頭肌
次　數	10次

❶ 雙腳打開與肩同寬，立正站好。

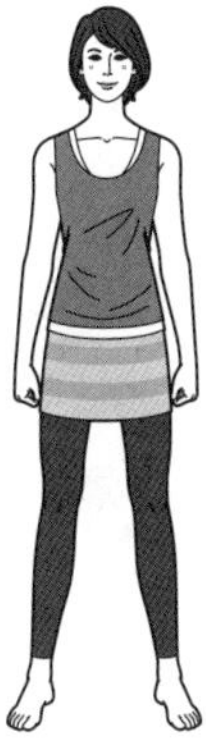

❷ 用右肘碰觸左腳膝蓋。

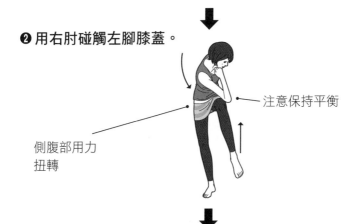

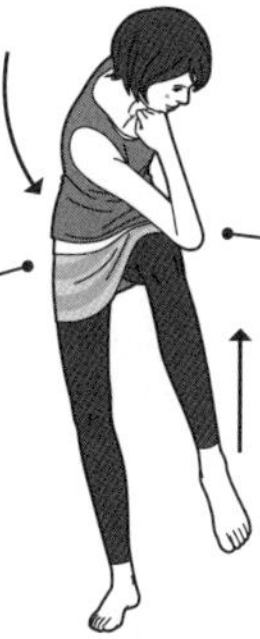

❸ 慢慢回到❶的姿勢（到此算1次）。接著左右兩側輪流進行。

難度 ★☆☆ ⓫ 立姿前彎抓腳

雙腳打開站好，單手碰觸腳尖。可刺激腰部與大腿後側，有助於美化側腹線條。

運動部位	軀幹、腹部、大腿
目標肌群	豎脊肌、腹斜肌、腿肌
次　數	10次

❶ 雙腳打開站好，雙手往旁邊舉高至肩膀高度。

❷ 用左手碰觸右腳腳尖。

❸ 一邊吸氣、一邊回到❶的姿勢（到此算1次）。接著左右輪流進行。

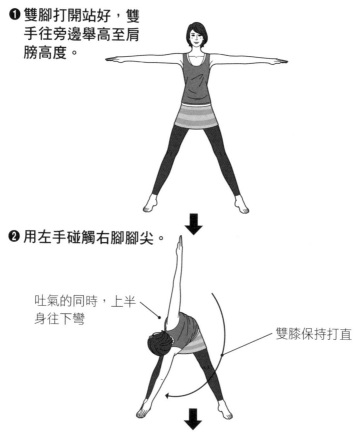

難度 ★★☆　⑫ 伏地膝碰胸

採伏地挺身的姿勢，單腳往胸部靠攏。主要鍛鍊軀幹，也能大範圍強化胸部及大腿等部位。

運動部位	胸部、手臂、腹部、大腿
目標肌群	胸大肌、肱三頭肌、腹直肌、股四頭肌
次　數	10～12次

❶伏地挺身的姿勢。

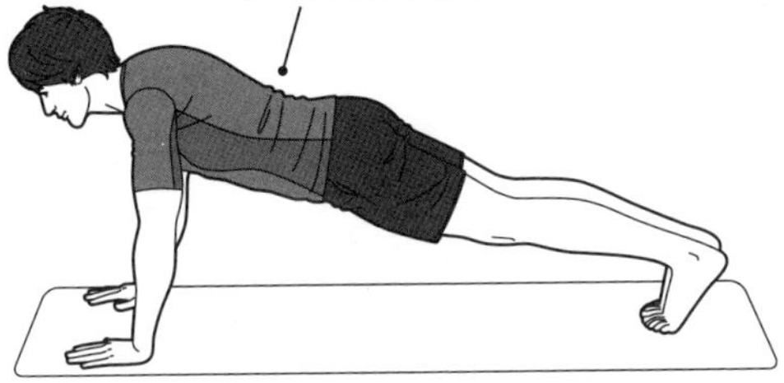
隨時挺直後背

❷右膝往胸部靠攏。

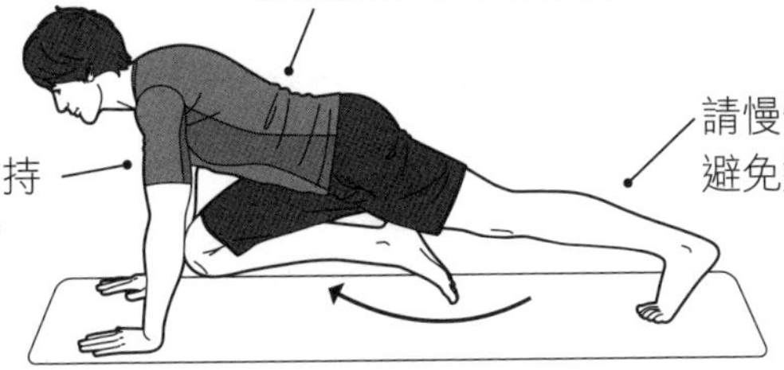
注意腰部不要往下掉
上半身保持固定不動
請慢慢進行，避免過度用力

❸膝蓋打直回到❶的姿勢（到此算1次），接著左右腳輪流進行。

難度
★★☆

⓭ 跪地平衡

採四足跪姿，將不同側的手腳抬高，鍛鍊後背肌肉。有助於提臀與緊實雙臂。

運動部位	肩膀、後背、軀幹、臀部
目標肌群	三角肌、背闊肌、豎脊肌、臀大肌
次　數	10次

❶跪在地上，雙手手掌貼地。

↓

❷右手與左腳打直。

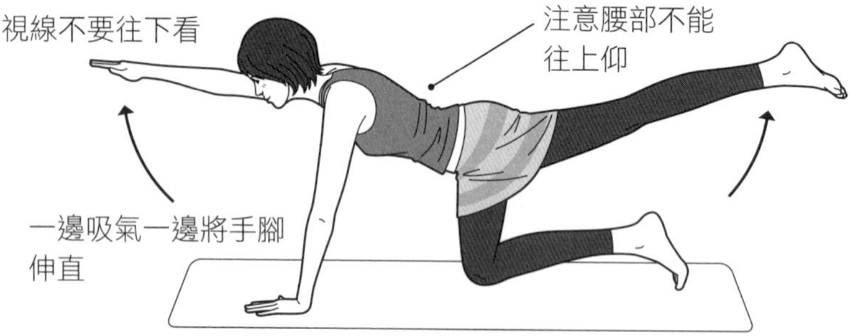
視線不要往下看
注意腰部不能往上仰
一邊吸氣一邊將手腳伸直

↓

❸一邊吐氣一邊回到❶的姿勢（到此算1次）。接著左右兩側輪流進行。

難度 ★★☆　⑭ 平板撐體

用雙膝與腳尖支撐身體，靜止30秒左右。簡單姿勢也能有效刺激腹肌，進而刺激軀幹。

運動部位	胸部、腹部、大腿
目標肌群	胸大肌、腹直肌、股四頭肌
次　數	靜止30秒

❶ 雙肘與雙膝貼地。

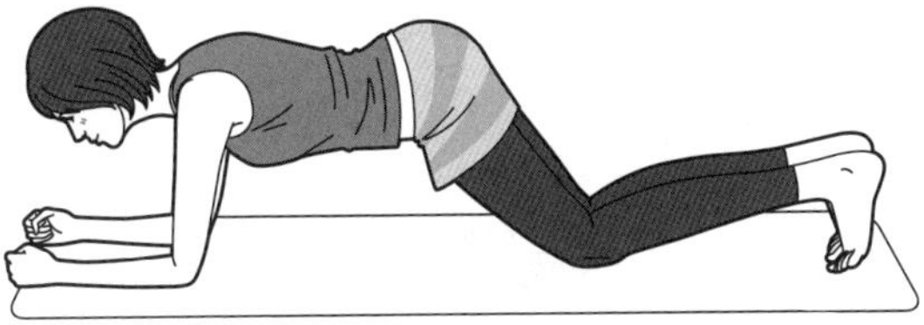

❷ 雙膝打直，靜止約30秒。

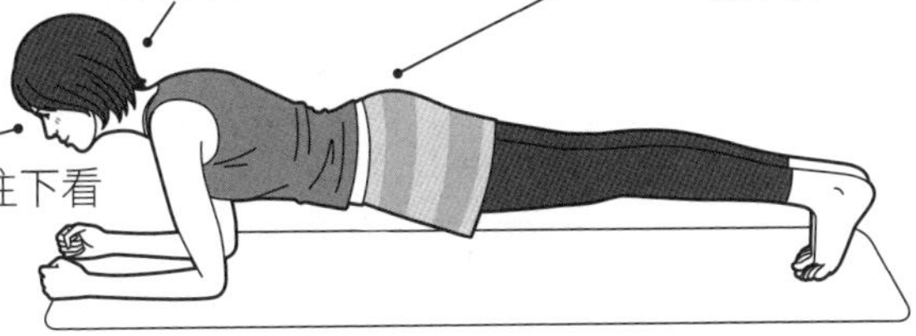
保持自然呼吸
注意臀部不能往下掉
視線不要往下看

變化動作

感覺吃力者，可將雙膝靠在地上進行。

難度 ★★★

⑮ 交叉仰臥起坐

加入往下揮動手臂的動作與「扭轉」，能刺激側腹部。適合繫上皮帶後在意贅肉溢出的人。

運動部位	腹部
目標肌群	腹直肌、腹斜肌
次　數	10次

❶ 仰躺，雙手平放在頭部兩側並伸直。

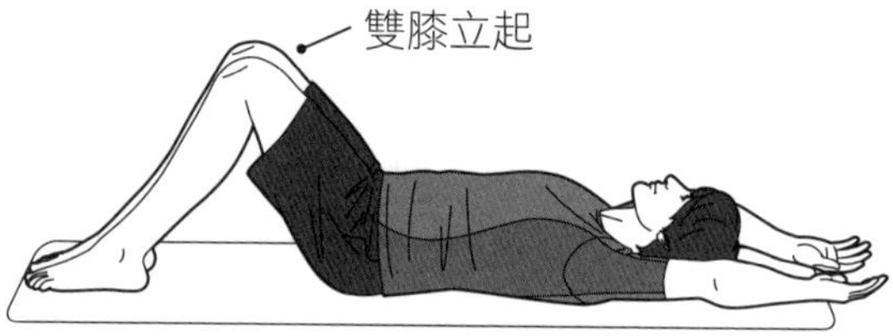

❷ 右手往下揮動，同時抬起上半身。

右手往左腳大腿外側揮動
動作放慢，避免過度用力

❸ 上半身躺平，回到❶的姿勢（到此算1次）。接下來換另一邊進行。

難度 ★★☆　⑯ 舉手抬腿運動

採趴臥姿，慢慢將不同側的手腳抬高。可同時刺激後背至腰部，以及大腿與雙臂。

運動部位	肩膀、軀幹、臀部
目標肌群	斜方肌、豎脊肌、臀大肌
次　數	10次

❶ 採趴臥姿，雙手雙腳打直。

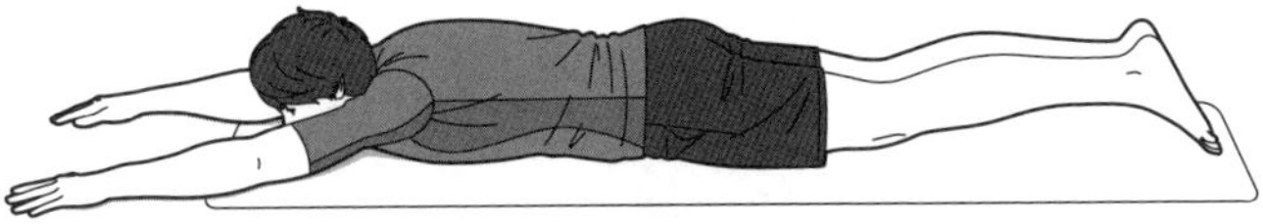

⬇

❷ 抬高右手與左腳

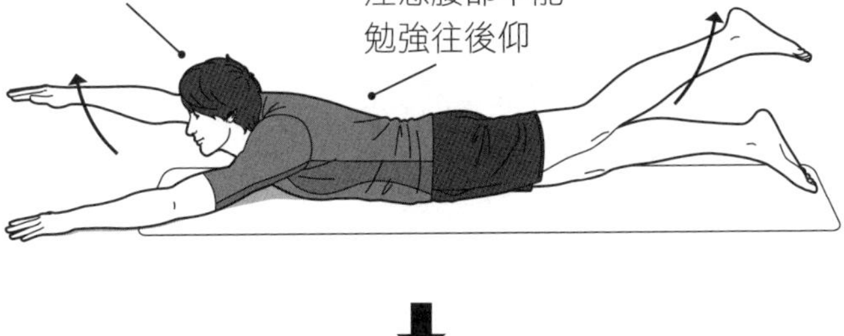
手腳盡量抬高，動作放慢，避免過度用力
臉部稍微面向正前方
注意腰部不能勉強往後仰

⬇

❸ 手腳放下回到❶的姿勢（到此算1次）。接著另一側輪流進行。

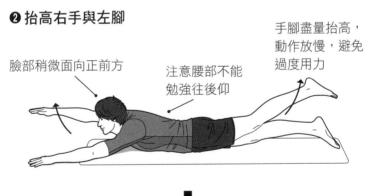

難度 ★★☆

⑰ 側邊撐體

訓練部位為側腹部。可以搭配平板撐體全面緊實腰部曲線。

運動部位	側腹部
目標肌群	腹斜肌
次　數	靜止30秒 （左右分開計算）

❶ 在地板上採側躺姿，靠右手前臂部分支撐身體。

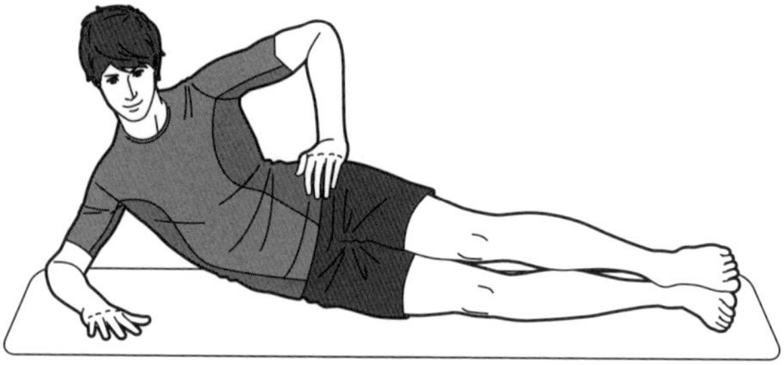

❷ 腰部抬高靜止約30秒。

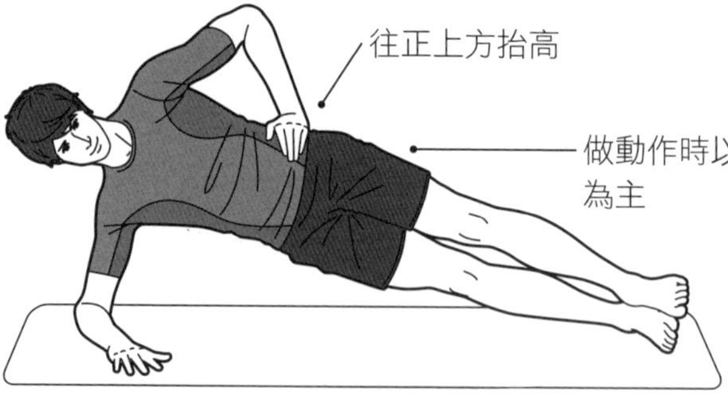

❸ 腰部往下回到❶的姿勢（到此算1次）。另一側也以相同方式進行。

難度 ★★☆　⑱ 仰躺抬腿

採仰躺姿，將雙腳上下移動。動作簡單卻能準確刺激下腹部。躺在床上也能進行。

運動部位	腹部、大腿
目標肌群	腹直肌、股四頭肌
次　數	10次

❶ 採仰躺姿，雙腳抬高。

❷ 慢慢將雙腳放下。

變化動作

感覺吃力的人，可單腳分別上下抬高。

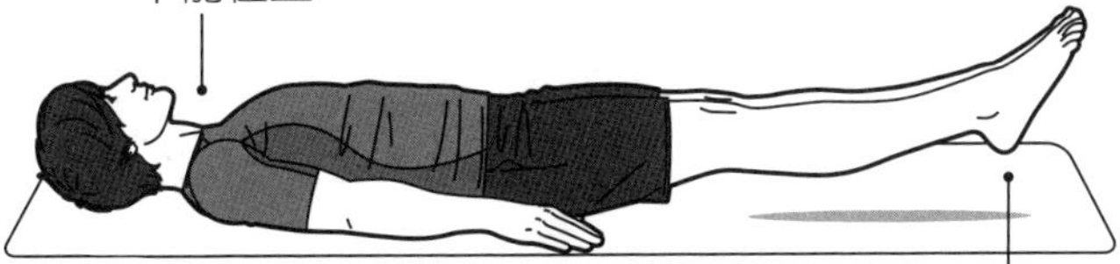
注意肩膀及後背
不能往上
腳跟不能碰地

❸ 雙腳抬高回到❶的姿勢（到此算1次）。

難度 ★★☆	⓳ 仰躺抬臀

採仰躺姿，將腰部抬高以達到提臀效果。進行時請想像將肚臍往天花板靠近。

運動部位	手臂、臀部
目標肌群	肱三頭肌、臀大肌
次　數	10次

❶ 採仰躺姿，雙膝夾住抱枕。

進行時要用力夾緊抱枕
靠手掌保持平衡

❷ 慢慢抬高腰部。

變化動作

腳跟位置愈靠近臀部，則負荷愈小。

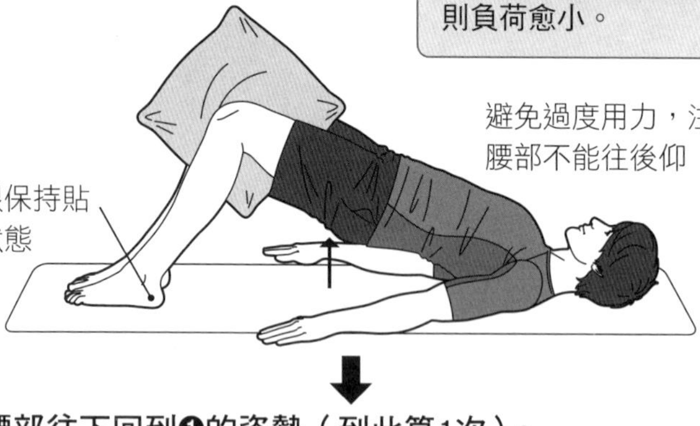
避免過度用力，注意腰部不能往後仰
腳跟保持貼地狀態

❸ 腰部往下回到❶的姿勢（到此算1次）。

難度 ★★★

⑳ 軀幹固定後踢

雙肘支撐身體，單腳上下移動。可強化腹肌與全身，是軀幹訓練時必備動作。

運動部位	腹部、臀部、大腿
目標肌群	腹直肌、臀大肌、股四頭肌
次　數	10～12次 （左右分開計算）

❶ 用雙肘與腳尖支撐身體。

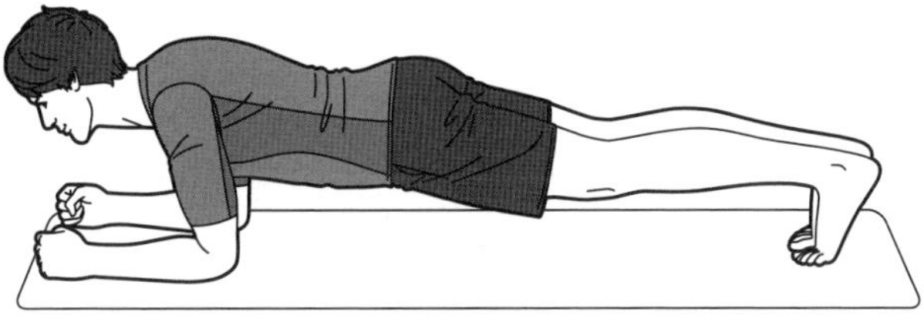

❷ 慢慢抬高右腳。

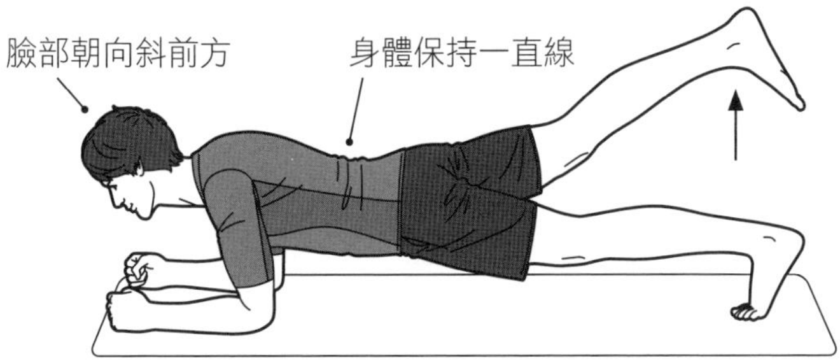

❸ 右腳放下（腳尖不要碰地）回到❶的姿勢（到此算1次）。完成設定次數後，左腳也以相同方式進行。

難度 ★★☆

㉑ 伏地挺身轉體

將伏地挺身的動作，加上單手舉高的動作。利用連續動作，可有效刺激側腹部的曲線。

運動部位	胸部、手臂、腹部
目標肌群	胸大肌、肱三頭肌、腹斜肌
次　數	10次（左右輪流）

❶採伏地挺身的姿勢。

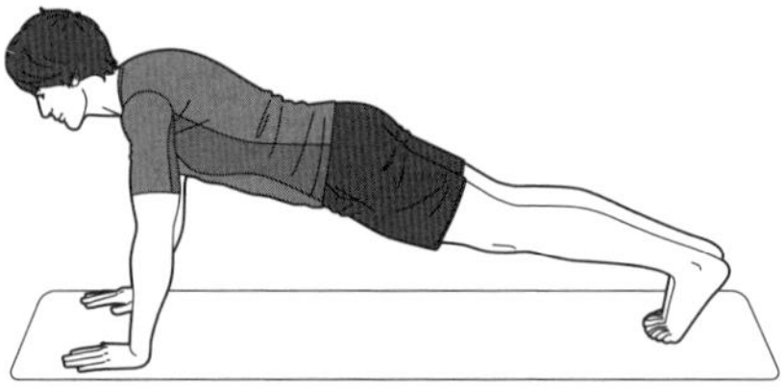

❷雙肘彎曲身體往下。

盡量往下至幾乎碰觸地面

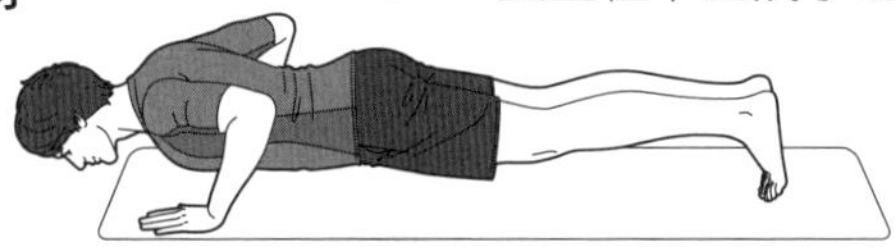

❸身體往上，回到❶的姿勢後，左手舉高，用右手支撐身體。

❹手臂放下回到❶的姿勢（到此算1次）。接著不同側輪流進行。

難度★★★　㉒ 單腳伏地挺身

保持單腳抬高的姿態進行，屬於難度較高的伏地挺身。除了手臂與胸部，還能鍛鍊到大腿。

運動部位	胸部、手臂、大腿
目標肌群	胸大肌、肱三頭肌、股四頭肌
次　數	10～12次（左右分開計算）

❶ 採伏地挺身的姿勢，左腳抬高。

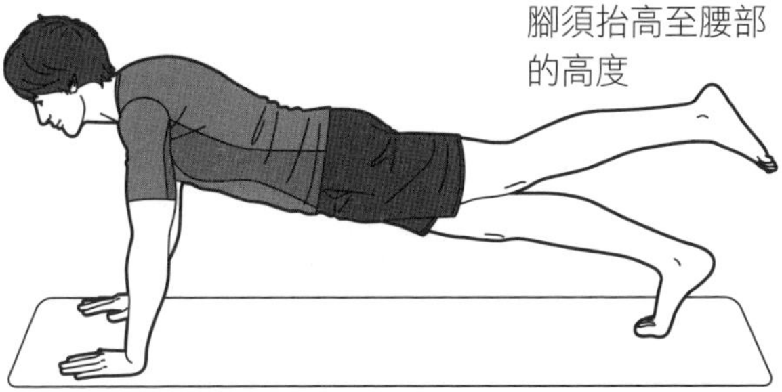

變化動作

將厚重書本等物品放置於雙手下方，使往下推壓身體的空間增加，可提高難度。

❷ 雙肘彎曲身體往下。

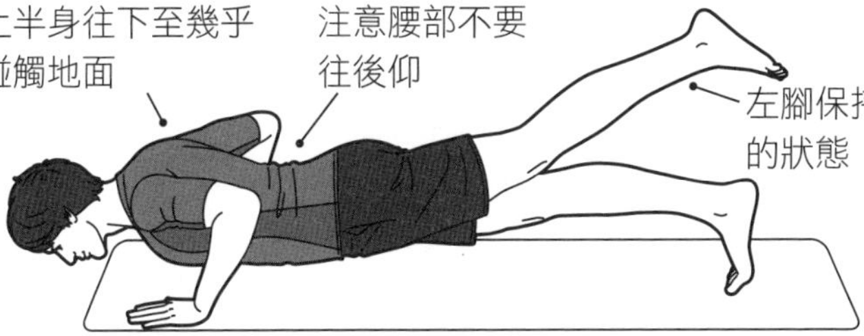
左腳保持抬高的狀態

❸ 雙肘打直回到❶的姿勢（到此算1次）。完成設定次數後，換右腳訓練。

難度
★★☆

㉓ 抱膝仰臥起坐

以仰躺抱住單腳，將上半身往膝蓋靠近。可鍛鍊後背及手臂，也能有效伸展股關節。

運動部位	後背、手臂、腹部
目標肌群	背闊肌、肱二頭肌、腹直肌
次　數	10次（左右分開計算）

❶採仰躺姿，雙手抱住左腳。

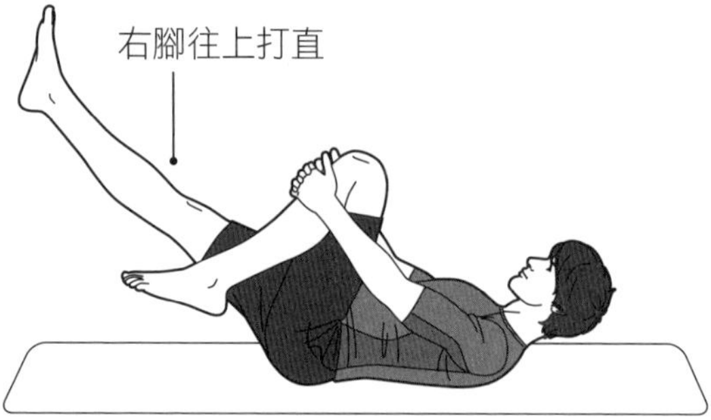

❷上半身抬高，使胸部靠近左腳膝蓋。

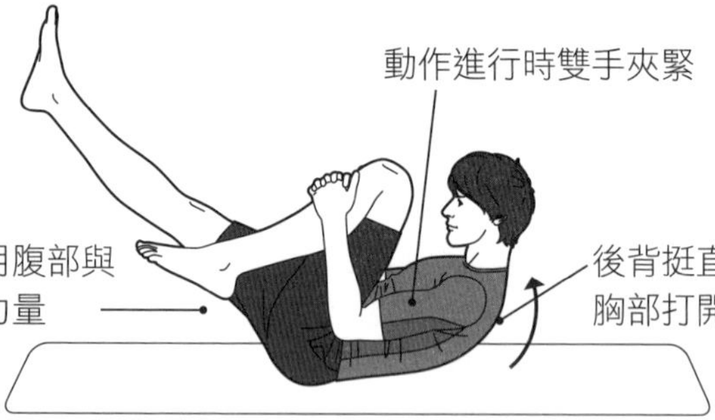
記得使用腹部與
手臂的力量

❸上半身往下回到❶的姿勢（到此算1次）。完成設定次數後，再換右腳進行。

難度 ★★★　㉔ 窄握伏地挺身

雙手間隔比一般伏地挺身還窄，可有效鍛鍊胸部及手臂，適合想擁有壯碩胸膛與雙臂的人。

運動部位	胸部、手臂
目標肌群	胸大肌、肱三頭肌
次　數	10～12次

❶ 採伏地挺身的姿勢，把雙手間隔拉近。

雙手大拇指與食指擺成三角形的樣子

❷ 雙肘彎曲使身體往下。

變化動作

感覺吃力的人，雙手間隔可稍微加大，或是將雙膝靠在地上進行。

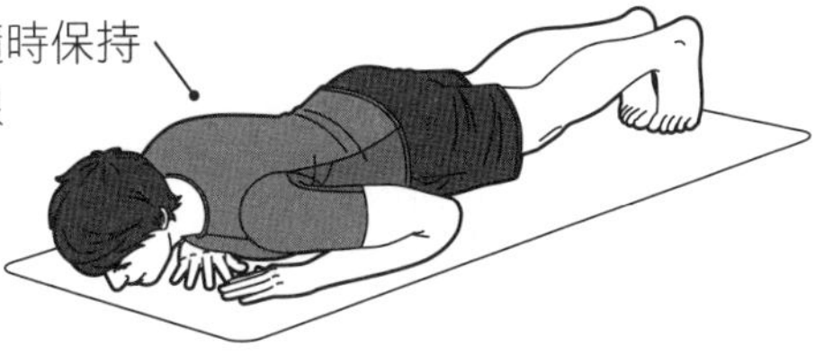
身體隨時保持一直線

❸ 雙肘打直回到❶的姿勢（到此算1次）。

難度
★★☆

㉕ 坐姿彈力帶訓練

坐姿拉引彈力帶能鍛鍊後背的肌肉。可依訓練結束後肌肉緊繃程度來調整彈力帶長度。

運動部位	後背、手臂
目標肌群	背闊肌、肱二頭肌
次　數	10次

❶ 雙腳打直坐在地上，將彈力帶勾在雙腳上。

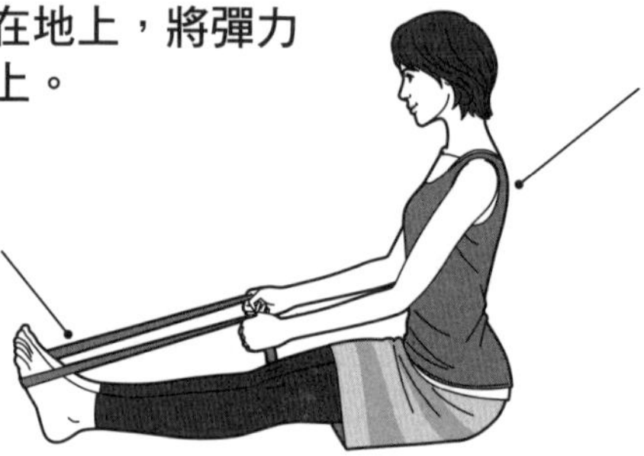
後背隨時挺直，且上半身固定不動
建議可使用彈力較強的彈力帶

⬇

❷ 彈力帶往後拉。

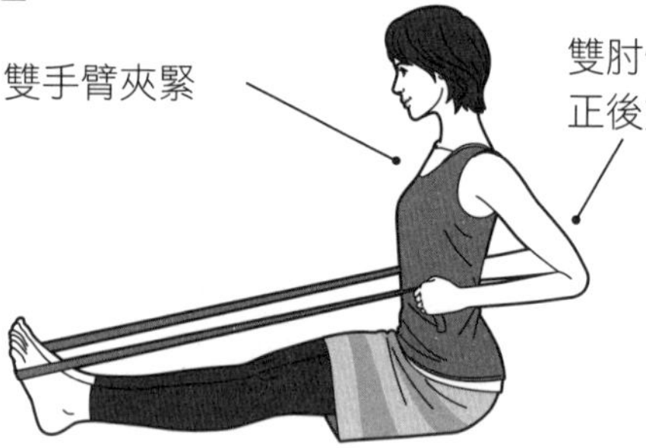
雙肘慢慢地往正後方拉

⬇

❸ 雙肘打直回到❶的姿勢（到此算1次）。

難度 ★★☆　㉖ 拉舉彈力帶訓練

將彈力帶往上拉，藉此有效刺激肩膀的肌肉。最適合想擁有倒三角型上半身身材的人。

運動部位	肩膀
目標肌群	三角肌、斜方肌
次　數	10次

❶ 雙腳前後張開，用前腳勾住彈力帶。

後背隨時挺直且上半身固定不動
訓練時身體稍往前傾
可依訓練結束後肌肉緊繃的程度，調整彈力帶的長度。建議使用彈力較低的彈力帶

❷ 雙臂往斜前方外側張開。

身體固定不動，只移動手臂
注意肩膀周圍的肌肉，動作放慢，避免過度用力

❸ 雙臂放下回到❶的姿勢（到此算1次）。

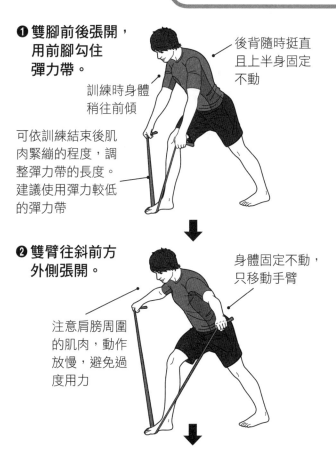

訓練三十分鐘後，最適合飲食

雖然我認為進行肌力訓練的人，不需特別控制飲食，但若能在飲食方面稍微注意，更能提高肌力訓練的效果。

飲食應優先攝取能有效強化肌肉的乳製品、紅肉、大豆食品等優質蛋白質，並持續控制碳水化合物的攝取量。食用碳水化合物時，蕎麥麵會優於烏龍麵；糙米會優於白米，關鍵在於選擇低GI的食物。

◉ 訓練完再進食，能適度補充營養

此外，肌力訓練與飲食攝取時機，最理想的順序為「肌力訓練後再飲食」，或是「餐後休息一下，再進行肌力訓練」。如果「今天想卯足全力好好訓練」時，可在肌力訓練的兩小時前，攝取蕎麥麵、年糕、全麥麵包等消化速度較慢的碳水化合物。

若想吃中華料理或速食等熱量較高的食物，記得在肌力訓練前四個小時吃完。一旦攝取脂質過多的飲食，在一氧化氮作用下，傳送至肌肉的血液量就會減少，進而降低肌力訓練的效果。

因此，比較理想的狀況是在肚子微餓的情況下進行肌力訓練，緊接著用餐。肌力訓練剛結束後的三十分鐘，為黃金進食時間。只要抓準這個時機點，適度補充營養素，就能促進肌肉生長，有助於肌肉回復疲勞。

運動後沒有食欲的人，不妨攝取內含胺基酸的運動飲料或健康食品，富含蛋白質的豆腐或起司等食物也不錯。至於飲料，建議以紅茶或烏龍茶取代含糖量高的運動飲料。據說茶類可抑制異化性的賀爾蒙的濃度（異化性賀爾蒙具有分解肌肉的功能），並有助於肌肉的生長。

第6章

14組速效練肌操，打造最想要的好身材

每月測試肌力，明確掌握進步幅度

開始肌力訓練之前，大家一定很想知道自己目前的體力（肌力）到底如何。因此，首先要來介紹「向前跨步測試」及「功能性前伸」兩種體力測試方法。

其實體力測試有很多種方式，不過日本厚生勞働省（類似台灣衛福部）在增進國民健康策略中所推動的「健康日本21計畫」，皆採用這兩種測試方法。只要每個月定期測試一次，就能知道自己進步多少，也能讓自己更有動力。

向前跨步測試

這是透過雙腳邁開的距離，測試下半身的肌力及柔軟度的測驗。請先備妥量尺與計算機，如能準備無痕膠帶會更加方便。若沒有無痕膠帶，請準備可在起始與終點線作記號的物品即可。測量時請在不易滑倒的場所進行，且穿著方便活動的服裝。特別注意當盡全力跨出兩大步時，務必保持身體平衡。測試方法如下：

❶在地板貼妥起始點的記號，雙腳腳尖對齊起始點站好。

❷盡全力跨出兩大步，在第二步的位置，雙腳對齊站好，小心產生反作用力。

❸測量範圍為起始點至第二步腳尖的位置。以公分為單位，小數點以下四捨五入。

❹再測量一次。取最好的數值除以身高（公分），小數點第三位以下四捨五入，就是向前跨步測試的數值。

數值愈高代表下半身肌力愈強。這種測量方法也可測量是否罹患運動障礙症候群（指因年齡增長，肌力逐漸老化導致站立或行走困難）。日本骨科學會所發佈不同年齡層平均數值如一一〇頁表格所示，低於平均數值的人應多加注意。

向前跨步測試

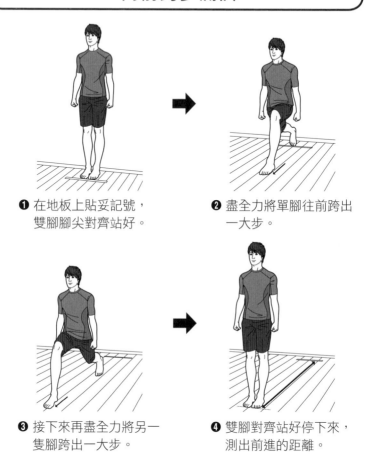

❶ 在地板上貼妥記號，
雙腳腳尖對齊站好。

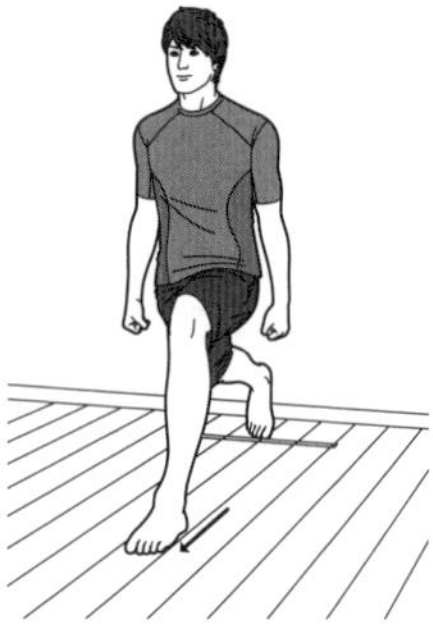

❷ 盡全力將單腳往前跨出
一大步。

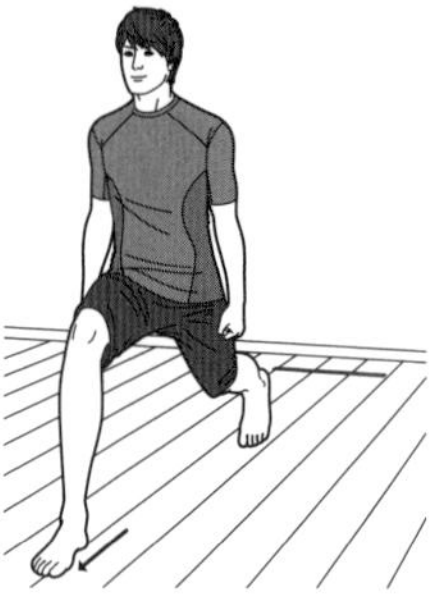

❸ 接下來再盡全力將另一
隻腳跨出一大步。

❹ 雙腳對齊站好停下來，
測出前進的距離。

判定數值＝測量距離（公分）÷身高（公分）

向前跨步測試各年齡層平均值

年齡層	男性	女性	年齡層	男性	女性
20～29歲	1.64～1.73	1.56～1.68	50～59歲	1.56～1.61	1.48～1.55
30～39歲	1.61～1.68	1.51～1.58	60～69歲	1.53～1.58	1.45～1.52
40～49歲	1.54～1.62	1.49～1.57	70歲～	1.42～1.52	1.36～1.48

＊日本骨科學會發佈

功能性前伸

向前跨步測試主要測量下半身的肌力，而功能性前伸測試則是在測量上半身的肌力。功能性前伸測試是以站立狀態，在保持身體平衡的狀態下測量上半身可前傾的程度，能同時了解平衡感與全身肌力的狀況。實際進行時，請準備量尺並站在牆壁前方進行。方法如下：

❶ 雙腳稍微打開，側面站在牆壁前方，雙手抬高至肩膀高度。

❷ 雙手掌合十，保持手臂抬高的狀態，雙腳固定並盡量將雙手往前伸（可用腳尖站立）。保持平衡並從起始點測量指尖到達最遠的距離。

❸ 慢慢回到開始的姿勢。

❹ 測量兩次，採用成績最好的數值。

特別要注意，進行這個測試時，身體不能靠在牆上，或是扭動身體、往前跨步。如果有上述情形，請重新測量。測量中因為容易失去平衡，為避免跌倒受傷，進行時須多加留意以策安全。

數值愈高，代表平衡感與全身肌力愈佳。這個方法與「向前跨步測試」一樣，也可測量是否罹患運動障礙症候群。日本中央勞働災害防止協會將數值分成五個等級，如左頁表格所示。若高齡者測量數值未滿十五公分，跌倒的風險將比數值超過二十五公分的人增加四倍。

進行兩個小測試後，可能會很驚訝自己體力衰退的情形。不過，肌肉不受年齡或性別影響，只要鍛鍊就能強化是無庸置疑的。因此，除了雕塑身材之外，想要提升體力的人，不妨也快點著手鍛鍊肌力。

功能性前伸

❶ 站在牆壁前方，
雙手抬高。

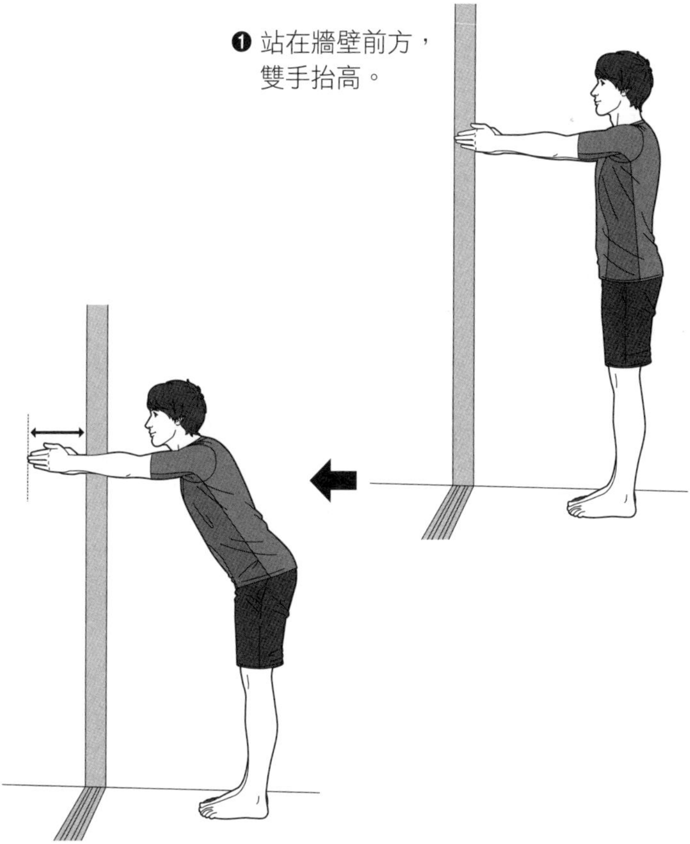

❷ 雙手與地面保持平行，
身體盡量往前伸。測量
手指往前伸的距離。

判定等級	數值
1	～19公分
2	20～29公分
3	30～35公分
4	36～39公分
5	40公分～

決定訓練頻率、間隔，讓健身成習慣

想要更全面地打造理想體型，可將不同的肌力訓練搭配成組合進行。本書準備了十四種組合動作，以滿足大家各種不同需求。若有適合自己的組合動作，請直接照做，當然也很歡迎大家變化一下，例如「先多做一點伸展動作」，或是「等學會肌力訓練後，再挑戰其他動作」。從會做的、拿手的開始進行，是讓肌力訓練持之以恆的秘訣之一，大家不妨從第五章所介紹的動作自行選擇。

只要確定好目標，將重點放在目標部位進行選擇即可。舉例來說，「想擁有厚實胸膛」的人可先進行「厚實胸肌組（見一三〇頁）」，再加上「窄握伏地挺身（見一〇三頁）」。不過嚴禁過於貪心。若什麼都想做，最後會導致動作變得太難太複雜。另外，本章所介紹的組合動作，分別列出「所需時間」、「組數」、「頻率」、「期間」，第五章的肌力訓練也同樣能參考各項內容。

所需時間&組數

基本組數應從能力範圍內做起，等身體適應後再增加組數。若書上列出「二～三組」時，請先開始做兩組，一、二個月後若感覺到身體出現「應該可以再進階」的反應時，再做三組。不過組數僅供參考，就算一開始只做一組也無妨，若能做到四組將會有更好的效果。

所需時間視組數及間隔時間有所不同。訓練時應盡量確保有完整且充份時間，若「早上做手臂上舉，晚上做伏地挺身轉體」，這樣分開進行，效果會降低。另外，**每個動作之間（包含每組之間）的間隔以三十至九十秒為基準**。「邊看電視，廣告時再做肌力訓練」這種片段式的訓練，雖然可以讓人輕鬆地一直做下去，但若是注重「有努力就有效果」人，最好還是集中在一段時間內進行。

想要獲得更好的訓練效果，關鍵之一就是盡量在同一個時間進行。這樣一來，人體內會產生規律，能促進與肌肉生長相關的成長賀爾蒙不斷分泌。肌力訓練效果最佳的時間是下午二點至五點，這也是交感神經最活絡的時間。不過這段時間若不太方便鍛鍊肌肉，建議可在晚餐後一、二小時、入浴前這段時間進行。

組合動作的訓練應以完成一套組合動作後，再回到第一個動作（巡迴式）為佳。若身體想「再進階」時，應該增加動作的組數，而不是重複同一個動作。

頻率

最理想的頻率為兩天一次。這關乎到肌肉強化機制的「超回復（見七十頁）」現象，不過若覺得太過勉強反而很難持續下去。因此，若是「想先依照個人步調鍛鍊出理想體型的基礎體力」、「很難抽出時間鍛鍊肌肉」的人，不妨每週訓練三次，大約分配一下預定做訓練的時間就行了。若無法在預定時間訓練也不用灰心，只要在一、兩天內補救回來即可，不過還是得當心不能間隔太久。**無論多吃力的肌力訓練，若每週只做一次，會使受過刺激的肌肉又回復原狀，很難看出成效。**

期間

一般來說，肌力訓練需要三個月才能明顯看出成效，本章所介紹的組合動作也大多需要三個月的期間，這是因為組成肌肉的細胞需要三個月才能脫胎換骨。不過無論效果多好，若沒有持續進行，身體會回復原狀。所以肌力訓練最大前提，就是持之以恆。**想要輕鬆在能力範圍內持續看出最大成效，就要下點功夫，找出適合自己的做法。**

輕鬆練 入門體驗組

◆所需時間：5分鐘
◆組數：1組
◆頻率：2天1次（也可每天做）
◆期間：1～2週

「這樣真的可以持續下去嗎？」、「不需要器材，在家裡就能鍛鍊肌肉到底該怎麼做？」心裡對肌力訓練有疑惑的人，請先來試試這項組合動作。

這項組合動作最主要目的，就是要讓大家了解雕塑身材時，活動身體的感覺。無論在家裡，還是上班的休息時間，只要抽點空就能輕鬆完成。

雖然動作很簡單，但對於過去從不曾運動的人，可能還是稍感吃力。若有這種感覺也無須擔心。只要持續做下去，身體與肌肉逐漸適應後，體力與肌力就能被訓練出來。

徒有知識是無法長出肌肉來的。無須想得太困難，現在馬上將本書放到一邊，先做做看再說，只要有出現「似乎有鍛鍊到肌肉」的感覺就對了！

1

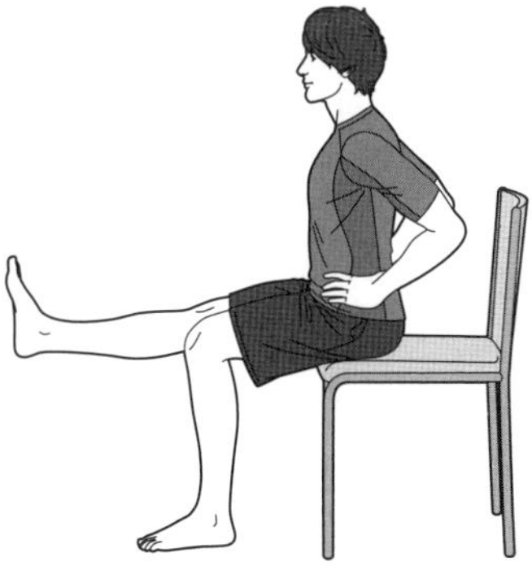

腿部伸展

（P83）

2

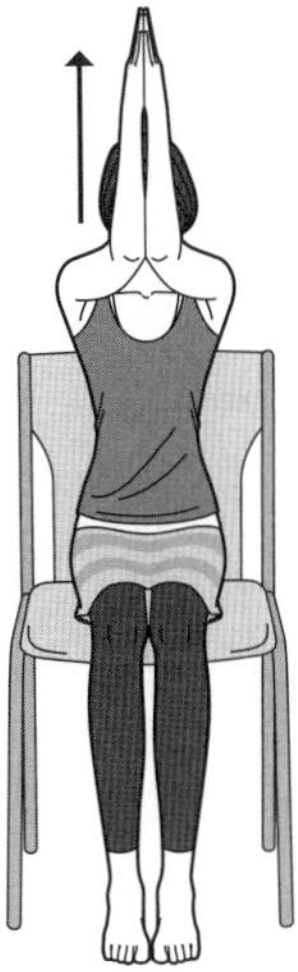

手臂上舉

（P84）

3

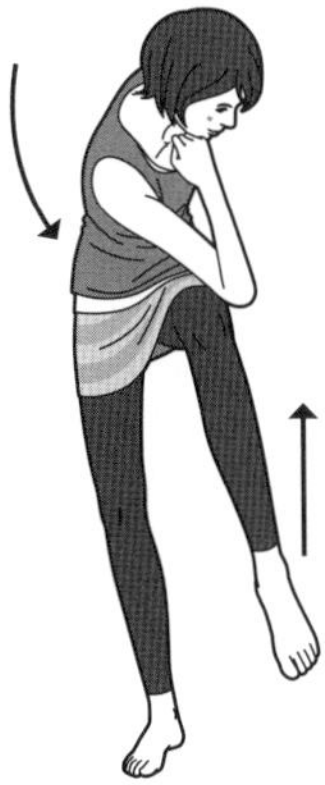

手肘碰膝

（P89）

肌力訓練基本觀念

- 正確姿勢比次數更重要。
- 將注意力放在想刺激的肌肉。
- 自然地呼吸。
- 動作大一點，要扎實、慢慢做。

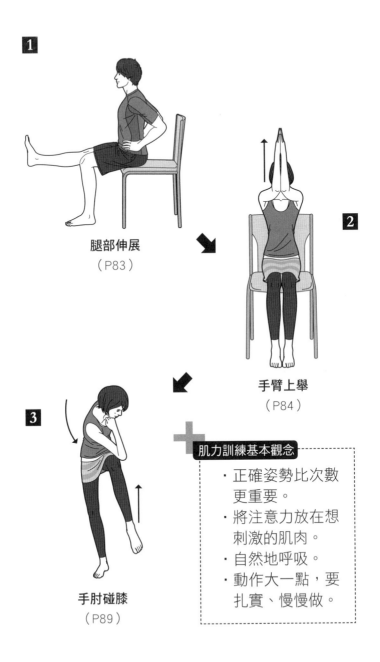

◆所需時間：15分鐘
◆組數：2～3組
◆頻率：2天1次
◆期間：2週

超速效　省時體感組

這項組合動作約需進行兩週。目的在於讓大家嘗試短時間就能達到「高CP值」的肌力訓練，體會「這樣我也辦得到」的感覺，以增進自信心。原本設定頻率為每兩天一次。倘若仍感覺吃力，可再間隔久一點，每週做三次。

本書介紹的動作，其訓練對象都是日常生活中很少注意到，或是不常使用的肌肉，也就是俗話說沉睡中的肌肉。像這種肌肉，只要利用這項組合動作適度刺激一下就能被喚醒，藉此打造成容易燃燒體脂肪的易瘦體質。

不妨實際動一動身體，掌握到鍛鍊肌肉、雕塑身材的感覺後，再依照個人目的，採用一二二頁開始所介紹的各項組合動作。若有人希望「最好能不費吹灰之力維持目前體型」，持續進行這項組合動作也能看成出效。

1

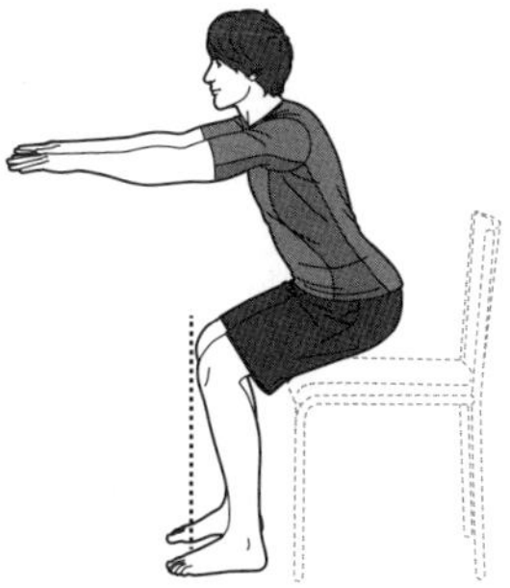

坐姿深蹲

（P88）

2

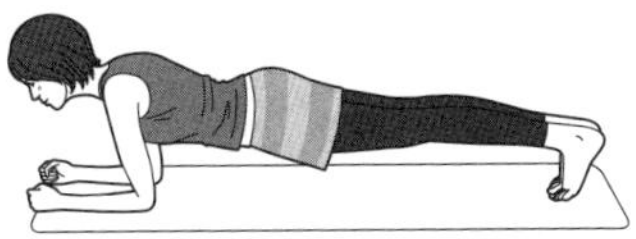

平板撐體

（P93）

3

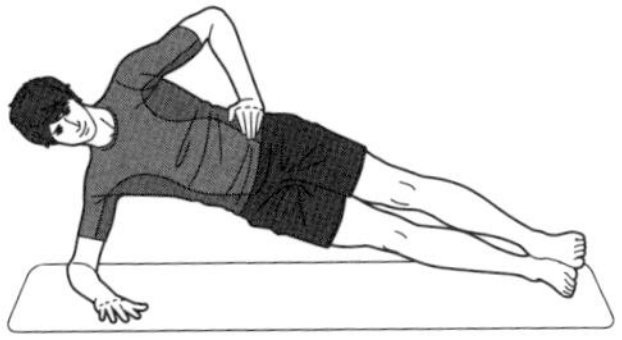

側邊撐體

（P96）

4

仰躺抬臀

（P98）

持之以恆的秘訣

不要太在意必須完成的次數，一開始做到能力範圍內即可。

◆所需時間：5～15分鐘
◆組數：1～2組
◆頻率：每週3次
◆期間：3個月

上班練 維持身材組

想要長期進行肌力訓練，最重要就是靈活運用空暇時間，將訓練自然融入生活中，例如午餐時間在辦公室休息時，其實是肌力訓練的大好機會。若你是「回家後得照顧孩子」、「想做運動解決運動不足的問題」，請務必試試這項組合。

坐在椅子上做「手臂上舉」以及「腿部伸展」，就能分別有效鍛鍊上半身、下半身的肌肉；「舉手深蹲」能同時鍛鍊到下半身及軀幹；「肩膀伸展」對於預防肩膀痠痛也很有幫助。這些動作所需場所不需太大，只要在辦公室定期進行這些運動，就能鍛鍊出肌肉，有助於預防體脂肪增加。

這些運動不會激烈到影響周遭同事，動一動身體，不但能重振精神，也能讓接下來的工作進行得更順利。

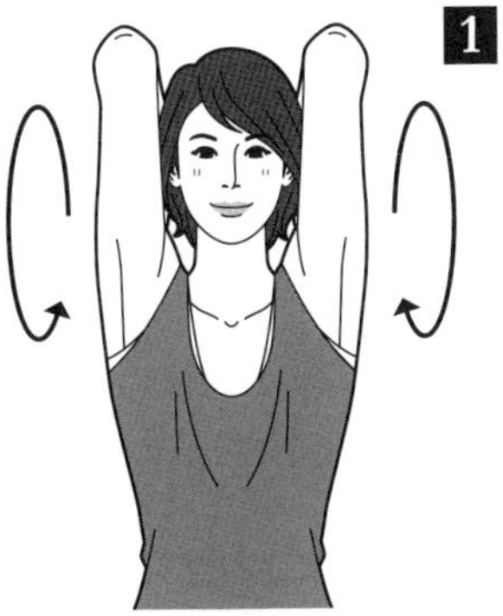

肩膀伸展
（P80）

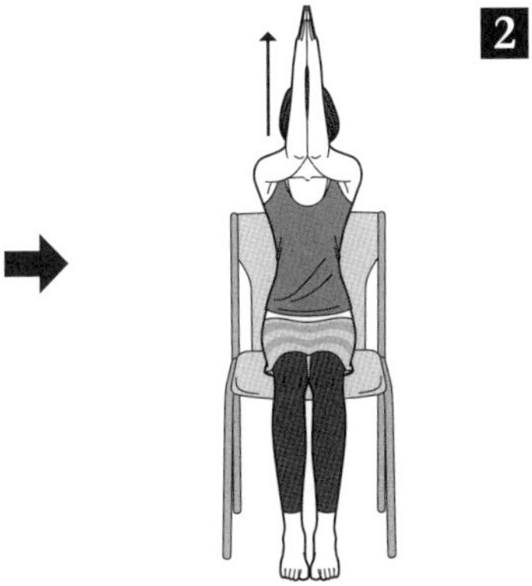

手臂上舉
（P84）

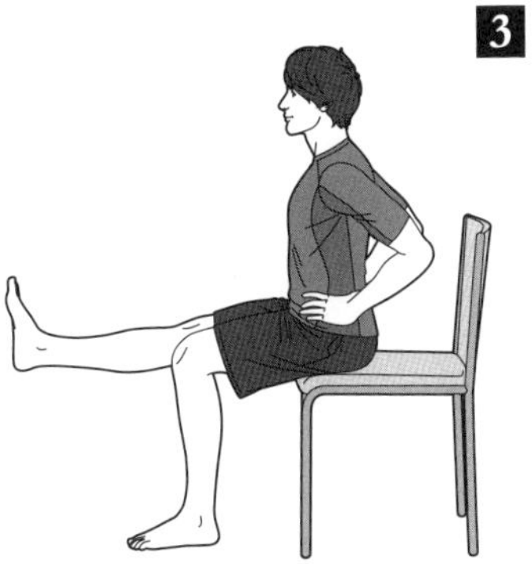

腿部伸展
（P83）

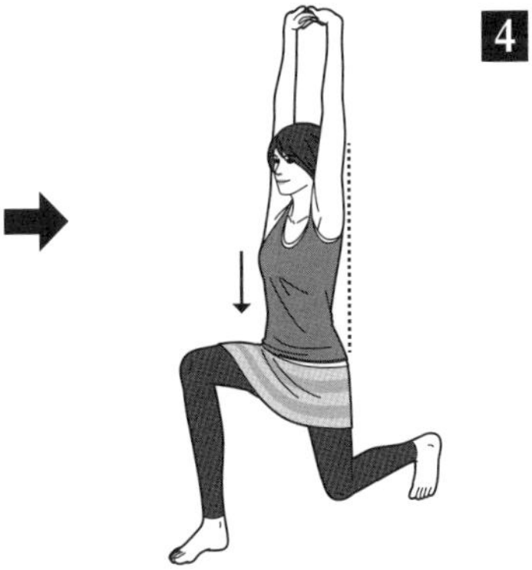

舉手深蹲
（P87）

建議追加動作

立姿前彎抓腳（P90）

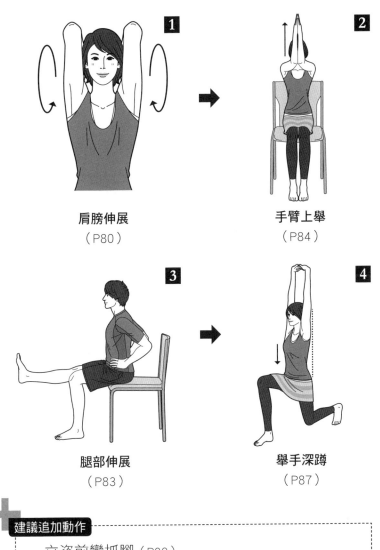

不復胖 燃脂基本組

◆所需時間：10～20分鐘
◆組數：1～3組
◆頻率：2天1次
◆期間：3個月

想要擁有「緊實且凹凸有致的身材」，最基本的肌力訓練就是這項組合動作。「不知道該做哪一個組合動作」的人，或是「全身都想鍛鍊」、「想消除運動不足問題」的人，建議試試這項組合動作。

此組動作基本上須完成兩組，但對體力沒自信的人可先做一組，有自信的人不妨做三組。另外若兩天做一次有困難的人，一週做三次也無妨。

明顯效果約須等到三個月才看得出來。我所指導的會員中，偶而會出現「看不出效果」的人，深究原因後才發現不是「方法做錯了（姿勢或動作速度等等）」，就是「根本沒做（回報造假）」。可見，只要確實依照正確方法進行訓練，透過肌力訓練調整肌肉與體脂肪的平衡，效果一定會顯現出來，就能達成理想體型。

1

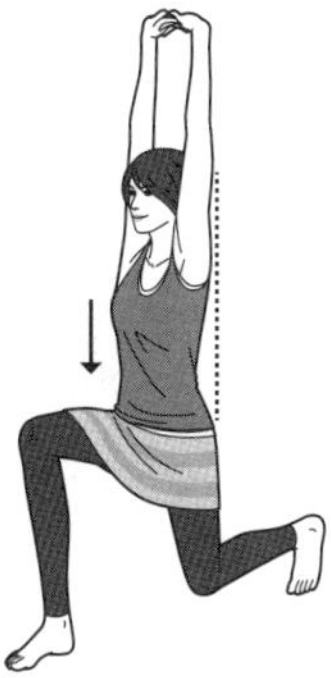

舉手深蹲

（P87）

2

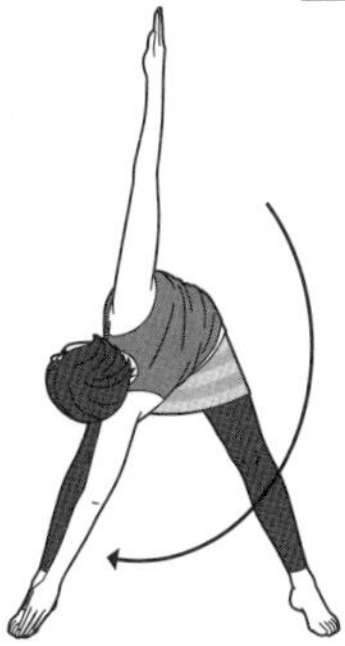

立姿前彎抓腳

（P90）

3

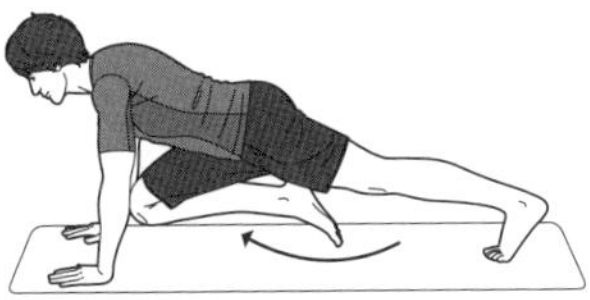

伏地膝碰胸

（P91）

4

跪地平衡

（P92）

建議追加動作

平板撐體（P93）

仰躺抬臀（P98）

水蛇腰 夢幻腰線組

◆所需時間：10～20分鐘
◆組數：1～3組
◆頻率：2天1次
◆期間：3個月

腹部特別容易囤積體脂肪，只要一鬆懈，贅肉立即明顯可見。除了突出的小腹，腰部上方還會溢出一圈肥肉，不只不美觀，還會導致代謝症候群。這項組合動作是為「想專攻腹部輕鬆瘦下來」的人所打造，也很推薦給「想要擁有水蛇腰」的女性。

一提到腰腹的肌力訓練，最具代表性的動作就是腹肌運動，通常會針對腹部正中央的腹直肌進行鍛鍊。不過肌力訓練基本上須「由外而內」均衡鍛鍊，因此在這組組合動作中，透過專門鍛鍊腹直肌的「平板撐體」，以及有效鍛鍊側腹部的「側邊撐體」等動作，多方面鍛鍊腹部。訓練時，記得將注意力放在想要鍛鍊的腹部肌肉。

1

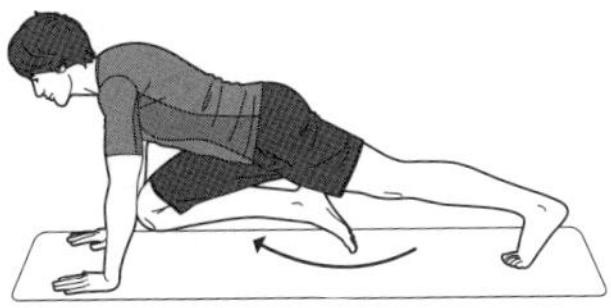

伏地膝碰胸

（P91）

2

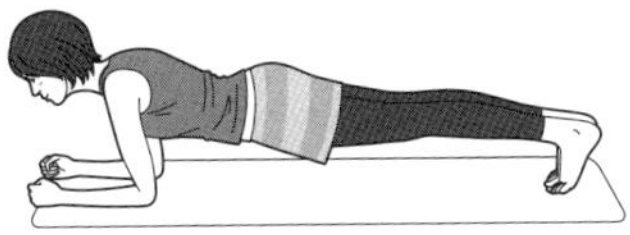

平板撐體

（P93）

3

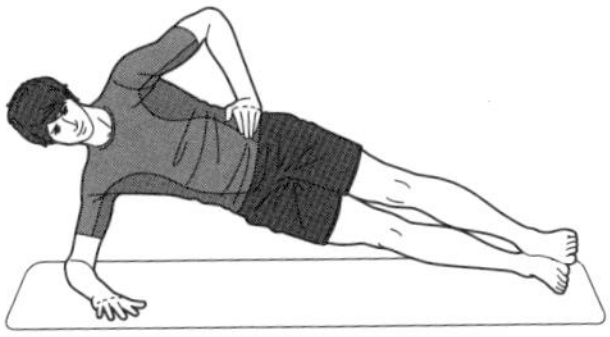

側邊撐體

（P96）

4

仰躺抬腿

（P97）

持之以恆的秘訣

看外觀就能知道肌力訓練的效果，若只對體重斤斤計較反而無法持續。因此，在意腹部的人，請定期站在鏡子前檢視自己的身材。

練腹肌 平坦腹部組

◆所需時間：15～30分鐘
◆組數：2～4組
◆頻率：2天1次
◆期間：3個月

一提到腹部，許多人應該都很憧憬六塊肌、川字肌，但也都認為很難辨得到，不過鍛鍊腹肌出乎意料的簡單。

原本每個人位在皮下脂肪的腹肌就是分離的，所以只要掌握「增加腹肌的肌肉量」、「減少皮下脂肪」這兩大重點，腹肌就會自己跑出來。

不妨利用「交叉仰臥起坐」以及「軀幹固定後踢」這類屬於複合性的訓練動作，除了可以鍛鍊腹肌，更有助於強化軀幹等部位，只要進行本項連續運動，就能練出六塊明顯的腹肌。

位在腹部的肌肉，例如腹直肌與腹斜肌，在疲勞或損傷後，會比其他肌肉回復得更快。因此，若「一天進行肌力訓練的時間有限」，可以選擇每天進行這一個組合動作，也能夠練出動人的平坦腹部。

1

交叉仰臥起坐

（P94）

2

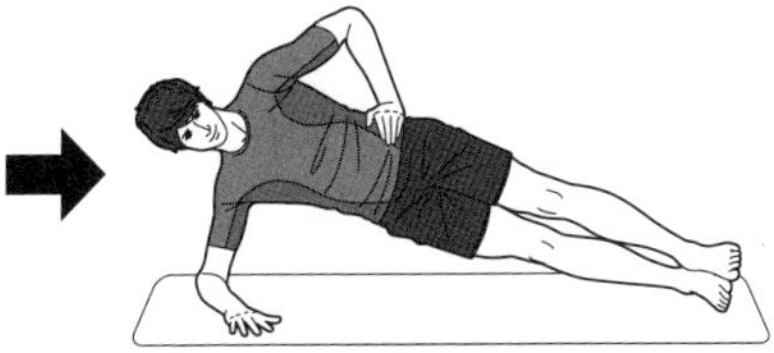

側邊撐體

（P96）

3

仰躺抬腿

（P97）

4

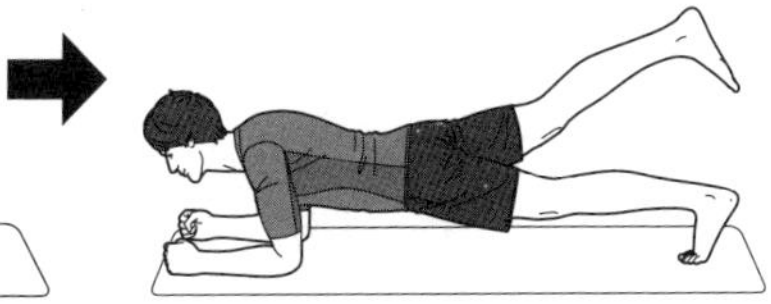

軀幹固定後踢

（P99）

建議追加動作

伏地膝碰胸（P91）

抱膝仰臥起坐（P102）

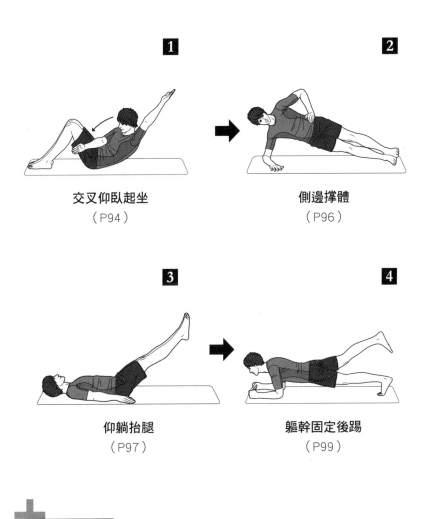

大胸肌　厚實胸肌組

◆所需時間：15～30分鐘
◆組數：2～4組
◆頻率：2天1次
◆期間：3個月

想用以最快速度，實現「肌肉猛男」的目標，最正確的方法就是透過「伏地挺身轉體」以及「單腳伏地挺身」等難度較高的複合性動作，同時鍛鍊胸部、手臂以及軀幹等不同部位。

訓練頻率基本上與「入門體驗組」一樣，兩天一次，不過每週做三次也能看出成效。本項組合動作主要針對肌力程度較佳的人。嚴禁勉強為之，盡量注意要每間隔一天且不中斷地做下去。

文末的建議追加動作使用了彈力帶進行的動作。雖然本書介紹的動作都不需要器材，但是用彈力帶可以使訓練變得更有效率，而且價格並不貴，適合追求更有效率的人。

1

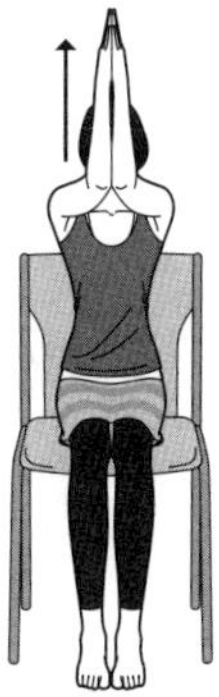

手臂上舉
（P84）

2

伏地挺身轉體
（P100）

3

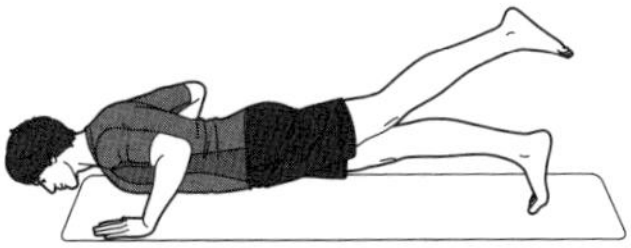

單腳伏地挺身
（P101）

4

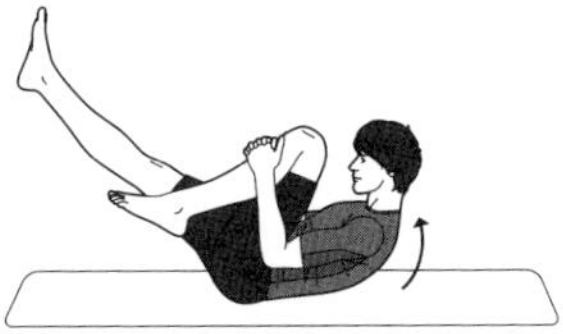

抱膝仰臥起坐
（P102）

建議追加動作

坐姿彈力帶訓練（P104）
拉舉彈力帶訓練（P105）

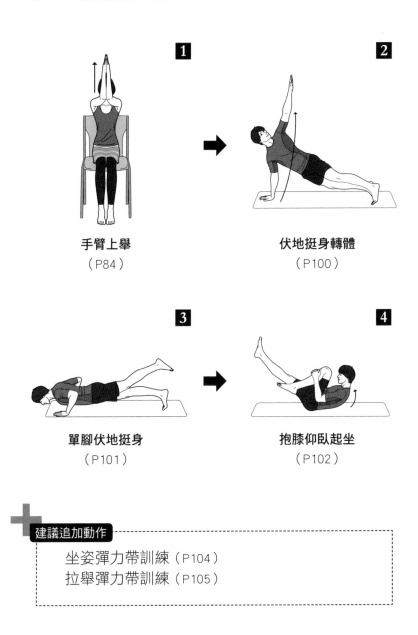

練全身 肌肉猛男組

◆所需時間：30～40分鐘
◆組數：3～4組
◆頻率：2天1次
◆期間：6個月

這一組動作屬於本書所介紹的訓練中，難度最高的組合動作，適合「希望只要在家中訓練，就能打造出壯碩強健的肌肉猛男體型」的人。若想讓體格像電視上的格鬥家或是動作片男主角一樣肌肉強健，只要每次花費三十分鐘以上的時間確實鍛鍊，就算只在自己家裡進行訓練，也能達成不錯的成效。

不過有一點要特別注意，如果因這組訓練難度較高，執意完成訓練次數，每一個動作卻只注重速度，恐怕造成姿勢不正確，不但無效訓練，還有可能導致受傷。切記肌力訓練的基本原則，動作要大而慢。

另外，一提到壯碩肌肉，很容易將焦點放在上半身，但若下半身缺乏鍛鍊，外觀看起來會不協調，也無法提高訓練品質。因此記得加上「抬腿平衡」與「坐姿深蹲」，好好鍛鍊一下下半身。

1

抬腿平衡

（P86）

2

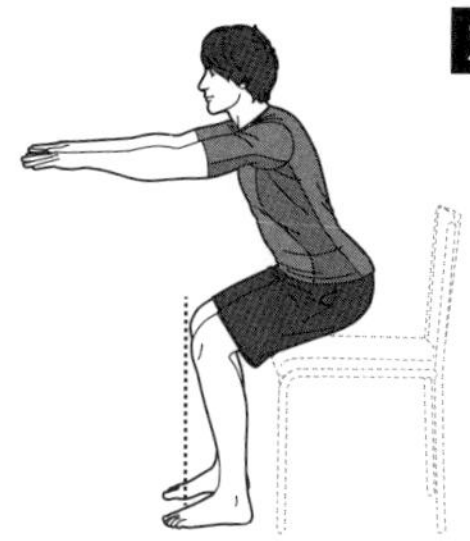

坐姿深蹲

（P88）

3

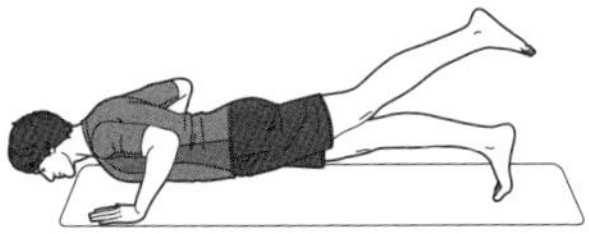

單腳伏地挺身

（P101）

4

窄握伏地挺身

（P103）

5

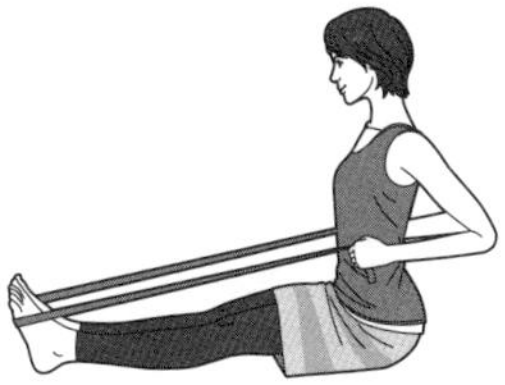

坐姿彈力帶訓練

（P104）

6

拉舉彈力帶訓練

（P105）

建議追加動作

側邊撐體（P96）

抱膝仰臥起坐（P102）

攻短期　快速塑身組

◆所需時間：15〜30分鐘
◆組數：2〜4組
◆頻率：2天1次
◆期間：1個月

想透過肌力訓練轉變成易瘦體質，大概需要三個月的時間。但可能有些人會「希望在夏天之前身材變好，可以穿上泳衣」、「希望一個月後能瘦下來，在婚禮上穿上美麗的婚紗」。

若想要盡可能快速雕塑出理想身材，鍛鍊大肌肉是最佳捷徑。因為大肌肉佔外觀很大比例，也能直接增加基礎代謝量。因此，希望大家將注意力放在體積最大的肌肉，也就是大腿與臀部，可利用「坐姿深蹲」等動作好好刺激一下。

進行本項組合動作時，不妨也在飲食方面稍加注意。避免攝取過多碳水化合物（醣類），並多攝取大豆及乳製品等高蛋白質、低卡路里的食材，這樣再加上肌力訓練的加乘作用，便很有可能在短期間展現出成果。

1

抬腿平衡
（P86）

2

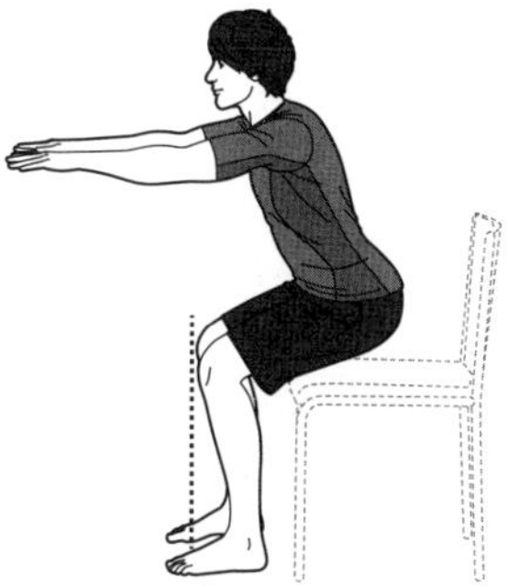

坐姿深蹲
（P88）

3

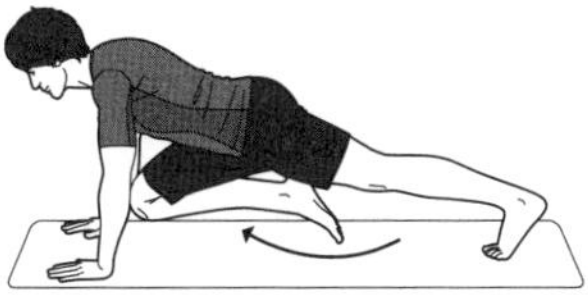

伏地膝碰胸
（P91）

4

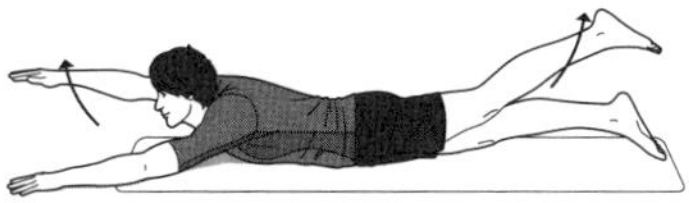

舉手抬腿運動
（P95）

建議追加動作

平板撐體（P93）
仰躺抬臀（P98）

沒時間　兩日集訓組

◆所需時間：20～40分鐘
◆組數：2～4組
◆頻率：週六、週日
◆期間：3個月

「平日抽不出時間，所以想盡量集中在週末進行訓練」的人，請參考這項組合動作。盡可能每隔一天做一次，善用肌肉的「超回復」作用，才是最理想的肌力訓練方式。

只要在訓練方法上下點功夫，就算只利用週末進行重點訓練，同樣能看出成果。關鍵在於等身體適應後，再多做幾組組合動作。最理想的方式應盡量利用一段較長的時間，一口氣完成四組組合動作。建議追加動作的「抬腿平衡」與「抱膝仰臥起坐」，也要積極地做做看。

為了避免身體因間隔過久而回復原狀，建議大家平日也要在能力範圍內做些訓練，這樣就無需在週末訓練得太過激烈，沒時間的話，只做一組也無妨。

1

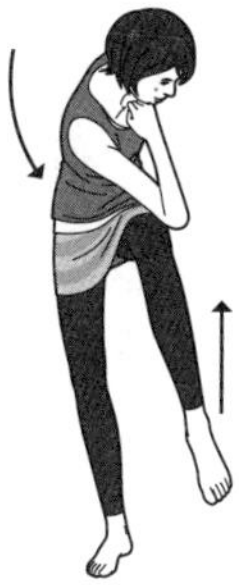

手肘碰膝

（P89）

2

立姿前彎抓腳

（P90）

3

跪地平衡

（P92）

4

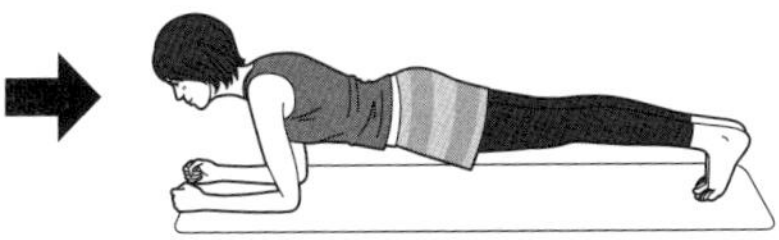

平板撐體

（P93）

建議追加動作

抬腿平衡（P86）

抱膝仰臥起坐（P102）

練核心　強壯軀幹組

◆所需時間：10～20分鐘
◆組數：2～3組
◆頻率：2天1次
◆期間：3個月

肌力訓練的好處不只能打造出理想體型，也有助於提升運動方面的表現。「想讓運動表現更佳」，這也是很重要的動力來源，只要記住這種感覺，一定就能讓大家想要持續鍛鍊肌肉。

因此，強壯軀幹組是專為喜好運動的人所設計，對於任何一種運動皆有幫助，同時也具有燃燒體脂肪的效果。

本項組合動作以強化軀幹為主。所謂的軀幹就是指身體中心部位，也就是指腹直肌等腹部肌肉、豎脊肌等後背肌肉，以及軀幹部位的肌肉。加強軀幹部位的肌肉，可使上下半身順暢活動的連動性以及穩定性變得更好。想要提升運動方面的表現，不可缺少強壯的身體主軸，因此才需要強化核心肌群。

1

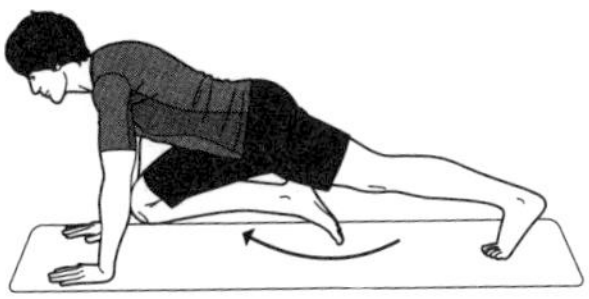

伏地膝碰胸

（P91）

2

跪地平衡

（P92）

3

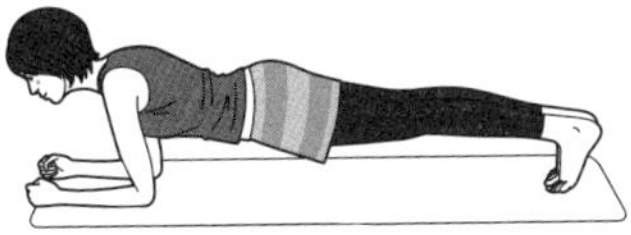

平板撐體

（P93）

4

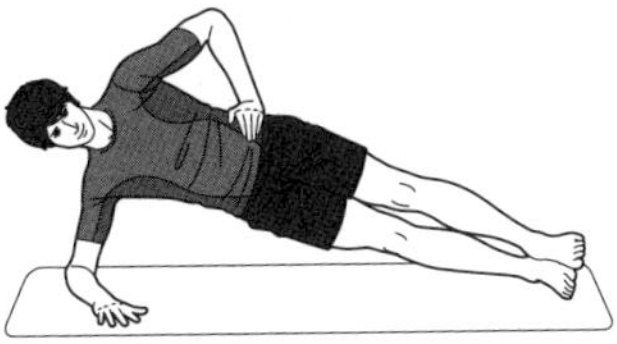

側邊撐體

（P96）

建議追加動作

仰躺抬臀（P98）

穩下盤 訓練核心組

◆所需時間：20～30分鐘
◆組數：2～3組
◆頻率：2天1次
◆期間：3個月

「要是長打杆距離再遠一點，分數就會更好了……」，如果大家愛打高爾夫，一定都會這麼想。這個願望其實透過肌力訓練也能實現。

訓練時主要針對身體中心部位以強化軀幹。想讓揮桿距離變遠，首先得確實固定主軸才行。主軸一旦固定，不只能擊出遠距離，還能增加揮杆的正確性。

「立姿前彎抓腳」及「伏地挺身轉體」的動作，與高爾夫的揮杆有直接關係，可有效刺激身體扭轉時使用到的肌肉。這與棒球的打擊與投球、網球和桌球的揮拍等動作都有共同點，皆能幫助運動表現的提升。

日常生活中很少使用到的側腹部的肌肉，透過本項組合動作也能有助於實現平坦的腹部。

1

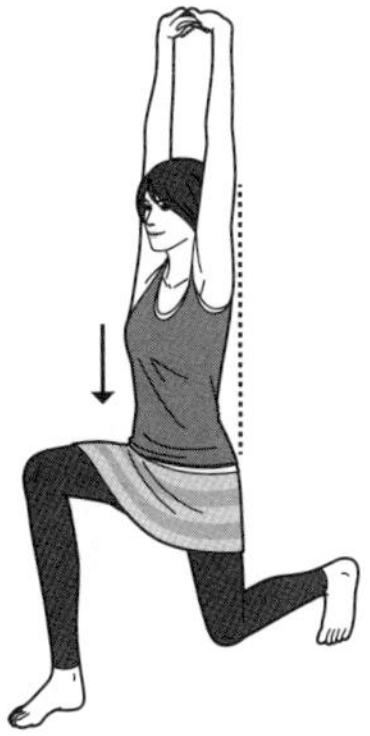

2

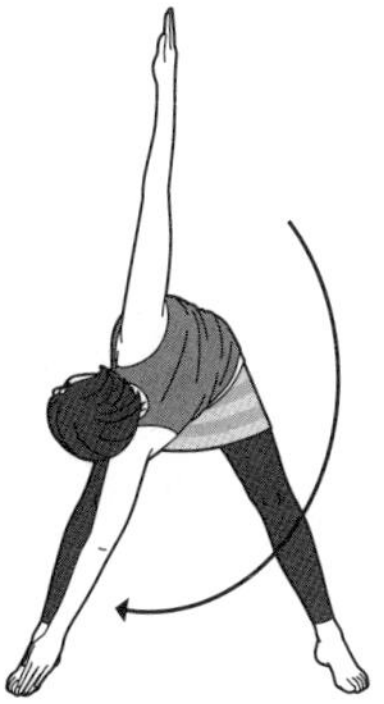

舉手深蹲
（P87）

立姿前彎抓腳
（P90）

3

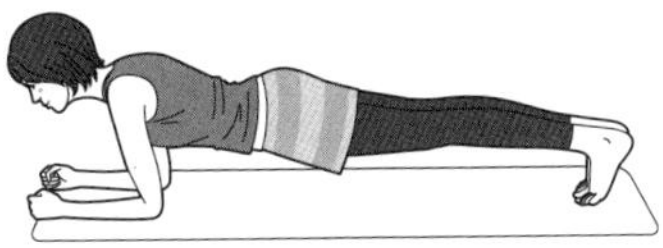

4

平板撐體
（P93）

伏地挺身轉體
（P100）

建議追加動作

大腿後側伸展（P82）

瘦大腿 緊實雙腿組

◆所需時間：15～20分鐘
◆組數：2～3組
◆頻率：每週3次
◆期間：3個月

覺得「腿太粗不敢穿泳裝」、「臀部下垂全身看起來不協調」等對下半身曲線沒自信的人比比皆是。不只女性，也常聽到男性希望「穿上合身牛仔褲」的需求。遇到這種情形，請務必挑戰這項組合動作。就算在家裡不使用器材鍛鍊肌肉，也能針對特定部位進行訓練。

或許大家會認為，長出肌肉看起來反而更胖，但事實並非如此。減肥時勉強限制飲食，會使臀部與大腿肌肉整個消失，讓人感覺老了好幾歲。不如透過肌力訓練讓大腿肌肉變緊實（股四頭肌與腿肌），減掉膝蓋周圍的贅肉。這樣一來，即使整個大腿粗細沒有改變太多，卻能出現緊實美腿的拉長效果，而且過去穿不上去的窄版褲也能輕鬆套上去。

1

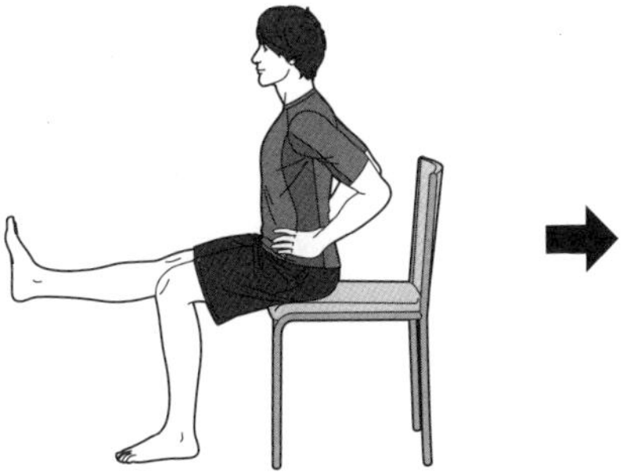

腿部伸展
（P83）

2

抬腿平衡
（P86）

3

仰躺抬腿
（P97）

4

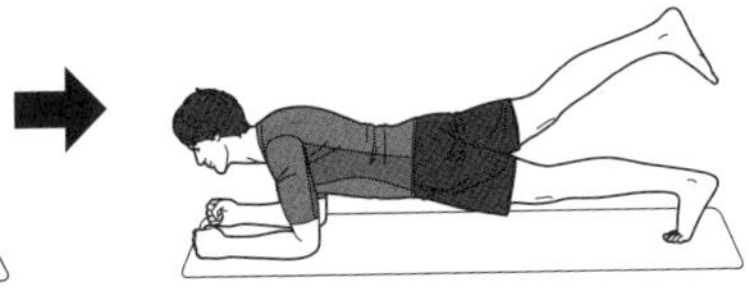

軀幹固定後踢
（P99）

建議追加動作

立姿前彎抓腳（P90）

瘦手臂 纖細雙臂組

◆所需時間：15～20分鐘
◆組數：2～3組
◆頻率：每週3次
◆期間：3個月

我有一位朋友說過，只要看手臂就知道一個人的真實年齡。從這句話可知，日常活動量或是肌肉衰退的話，手臂應該是最容易反應身體狀態的部位。手臂與腹部等部位一樣，容易隨著年齡增加而鬆弛。在意手臂鬆垮的人，一定要挑戰一下本項組合動作。

倘若感覺吃力，不必勉強自己一定要做到，比方「手臂上舉」這個動作，手臂抬高至能力範圍內即可。「椅上撐體屈伸」，則可將雙腳靠近身體以調整困難度。在身體適應之前，只做幾次，或是只完成一組也無妨，可視訓練結束後雙臂的緊繃程度來增加次數。

本項組合動作所包含的訓練內容，可同時鍛鍊雙臂肌肉、刺激肩膀周邊肌肉，也很推薦給肩膀痠痛的人進行。

1

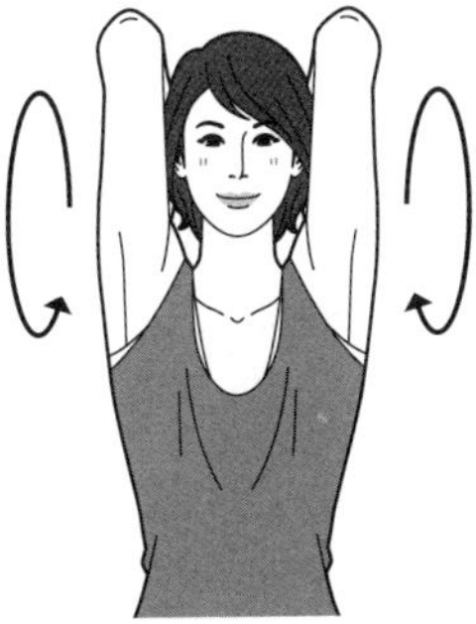

胸部伸展
（P81）

2

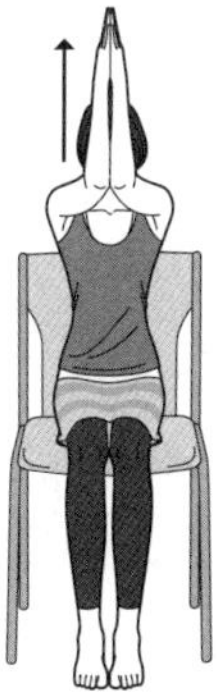

手臂上舉
（P84）

3

椅上撐體屈伸
（P85）

4

跪地平衡
（P92）

持之以恆的秘訣

肌力訓練的特色之一，就是可針對特定部位鍛鍊。不妨具體描繪出想達成的理想體型，趕快加入練肌力的訓練。

加分健身房

伸展五分鐘，提升肌力訓練效果

或許大家知道「伸展動作有益健康」，但卻認為「伸展動作與雕塑理想身材扯不上關係」，其實這種想法是錯誤的。事實上最理想的訓練方式，就是在肌力訓練前後，加入伸展動作。

肌力訓練前的暖身伸展動作，目的在於「預防受傷」、「擴展關節可動域」、「提升肌肉溫度」等。特別是提升肌肉溫度這一點。肌肉溫度通常在攝氏三十七度上下，透過伸展動作活動身體，增加血液量後，就能使肌肉溫度上升。

◉ 肌肉溫度變高，再難的訓練也能輕鬆完成

理想的肌肉溫度在攝氏三十九度左右，在這種狀態下身體機能會提高，稍微有點難度的肌力訓練也能輕鬆完成。關於伸展的時間，季節溫暖（炎熱）時需做二、三分鐘，季節涼爽（寒冷）時則需做到四、五分鐘。

肌力訓練後應進行讓肌肉放鬆的伸展動作，主要目的為「回復肌肉運動後的疲勞」，而且放鬆伸展動作更加重要。因為肌力訓練做完後，大量血液會流向受刺激的部位，突然停止運動的話，大量血液將滯留在這個部位，造成貧血。因此要透過伸展動作，使滯留血液送回心臟，促進血液循環，去除肌肉內的疲勞物質，有助於回復疲勞。基本做法為慢慢伸展肌力訓練後主要運動到的肌肉，約五分鐘即可。

至於應具體進行哪些伸展動作，其實不用想得太困難。除了本書介紹的「肩膀伸展」，還有大幅度轉動肩膀、身體輕微前傾、上半身後仰、屈伸、伸展阿基里斯腱等動作，都是常見的伸展動作，從中選擇讓身體「感覺舒服」的動作進行即可。

第7章

練肌真的不難，五位成功者經驗分享

CASE 1
肌肉痠痛，讓我清楚身體的變化

K先生（39歲・男性・上班族〔園藝業〕）

◆身高體重

176公分　75公斤→72公斤

◆基本訓練內容

❶舉手深蹲（P87）
❷軀幹固定後踢（P99）
❸仰躺抬腿（P97）
❹舉手抬腿運動（P95）

◆頻率

2組；1次30分鐘；每週3次

◆效果

消除腹部贅肉，練出全身肌肉。

K先生原本就很在意自己的身材，過去也曾經在家做過肌力訓練，且備有瑜珈墊與啞鈴。所以具備基礎體力，也親身體驗過運動的快樂及必要性。

因此在指導他時，先將不同負荷重量的動作做均衡分配，同時將「緊實腹部」作為第一目標，培養出容易燃燒體脂肪的體質。目前他已達到理想身材，之後只要持續這樣做，就能一直保持好的身材。

邊照鏡子邊訓練，幫助確認動作

最初的目標

過去自己的人生一直重複著「在意贅肉→用自創方式做肌力訓練→身材變好看→滿意成果而停止肌力訓練→贅肉再生」的惡性循環裡。眼見年屆四十，又開始在意身體的鬆弛，偶然發現了森教練的肌力訓練，毫不猶豫決定挑戰。這種不上健身房，也如有位教練陪在身邊給予建言的訓練方式，完全符合我的需要。

一開始不只訂出「想穿上以前精瘦時期的衣服」關乎外表的目標，由於本身從事園藝業，工作時必須活動到身體，所以以「提高身體機能」為考量，也訂下「希望像職棒選手鈴木一郎一樣，身體動作變得更加敏捷」的目標。

訓練內容

除了基本訓練內容，還增加了「立姿前彎抓腳（見九十頁）」與「側邊撐體

（見九十六頁）」的動作。為了提升柔軟度，也加上「肩膀伸展（見八十頁）」、「大腿後側伸展（見八十二頁）」的伸展動作。這些動作共做兩組，每次三十分鐘，每週三次。

每當我急著想完成設定次數，就變得容易在意每一次動作的速度。不過肌力訓練的基本原則為「動作大且慢」，所以建議在可以照到全身的鏡子前方，一邊照著鏡子一邊進行訓練，以確保姿勢的正確性，當肌肉長出來也可以一目了然。

效果體驗

一開始看到訓練內容時，我曾懷疑「這樣做真的會有效果嗎？」不過實際做了之後，發現比想像中的吃力，隔天還肌肉痠痛。依照過去的經驗，我了解以肌力訓練緊實身材，需要花費時間，從肌肉痠痛的反應使我確信真的有運動到肌肉，所以我不再心浮氣躁。

每天早上我都會站上體脂機上，觀察數字的變化，結果三個月過去，成功用肉三公斤、體脂肪減少一・五%，腹部變平坦，胸部肌肉也開始緊實。

今後的目標

現在，我愈來愈意識到「運動的重要性」，通勤也從開車改騎自行車。三個月後公司將製作新制服，所以我眼前的目標就是希望能盡量訂做小一號的制服。公司同事大家都一身肌肉，也非常激勵我「不可以輸給別人」。希望能讓新客戶從我精實的身材外表，認定「可以委託我設計出美麗的庭院」，所以我絕對不會停止肌力訓練。

健身教練這麼說

K先生能夠充滿自信，下定決心「今後也要持續肌力訓練」這點做得非常好。在這之前頂多只是給他啟發，希望今後他能一步步向前進。

CASE 2

有做就打勾，激勵自己不放棄

H先生（41歲・男性・自營業）

◆身高體重

181公分　71公斤→69公斤

◆基本訓練內容

❶舉手深蹲（P87）
❷手臂上舉（P84）
❸抱膝仰臥起坐（P102）
❹椅上撐體屈伸（P85）

◆頻率

1組；1次20分鐘；每週3次

◆效果

腹部變纖細，胸膛更厚實。

學生時代是籃球社社員的H先生，原本就熱愛運動，週末時會慢跑，或在家做肌力訓練。為他設計訓練課程時，以直接看出效果的動作為優先考量，加強肌肉的負荷。由於他希望「看起來像肌肉猛男」，所以課程的設計也納入讓上半身更厚實的動作，除了胸膛之外，後背也要鍛鍊，使整個胸圍變大，最後果然有很明顯的成果。

◉規定自己，沒做肌力訓練就不吃晚餐

轉變的關鍵

雖然體重從以前到現在都沒變，不過洗完澡後看到自己鬆弛的腹部覺得礙眼，於是想要改變。過去一直進行自創式肌力訓練，但效果不彰，就算加入健身房也沒有持之以恆，所以森教練的服務非常適合我。雖然一開始是因為「難看的肚子」才想改變，不過反正都要減肥，便設定目標打造一直憧憬的厚實胸膛。

訓練內容

一開始做「肩膀伸展（見八十頁）」、「抬腿平衡（見八十六頁）」、「平板撐體（見九十三頁）」、「側邊撐體（見九十六頁）」等組合動作，這些都是我從未做過，也不知道的動作。我試著從簡單的動作開始做起，兩週後身體適應了，再

用「手臂上舉」取代「肩膀伸展」，並採用基本訓練內容作為主要訓練菜單。由於目標是想擁有「厚實胸膛」，因此一個月後，我請森教練再教我「難度稍高的動作」，加入「窄握伏地挺身（見一〇三頁）」。再過了一個月，還追加「單腳伏地挺身（見一〇二頁）」，而且一次就做了大約十種動作。雖然好像有點多，但都是我自己提出的要求，因為我認為「既然同一個動作要做好幾組，不如做些效果相同的其他動作」。因為每次只做一組，整體約二十分鐘即完成。

效果體驗

從開始訓練後約莫過了半年，體型開始有變化，可以看出胸膛的確變厚實，胸圍也從開始的九十二公分變成九十四公分；腰圍從八十四公分變成八十二公分）。雖然數字看似沒有很大變化，但照鏡子就發現自己的外表確實有改變。

持之以恆的秘訣

做完肌力訓練後我會在日曆上打勾，只要沒打勾的日子連續出現四天，就會自我警剔不能再這樣鬆懈下去。後來自己訂下規定，沒有肌力訓練的那天不能吃晚餐，結果這段期間因此沒吃晚餐的情形只出現三次（笑）。

健身教練這麼說

身材纖細的人，也會因為運動不足、年齡增長，造成肌肉減少，體脂肪自然增加。因為這個緣故，雖然體重與年輕時候一樣，但腹部就會凸出來。訓練進行中，H先生不斷向我提出「希望提高負荷」的要求。其實透過肌力訓練達到塑身成效最關鍵的一點，就是必須逐漸增加負荷，持續給予肌肉有效刺激。也就是說，適時提高訓練內容的強度，是H先生訓練成功的一大主因。

CASE 3

訓練超簡單，女性也能輕鬆完成

W小姐（35歲・女性・上班族〔行政職〕）

◆身高體重

155公分　75公斤→70公斤

◆基本訓練內容

❶立姿前彎抓腳（P90）
❷平板撐體（P93）
❸仰躺抬臀（P98）
❹跪地平衡（P92）

◆頻率

2組；1次20分鐘；每週4次

◆效果

腹部變平坦，肩膀痠痛也減輕了。

W小姐對身材不滿意，她說：「雖然我原本就有點豐滿，但三十歲之後，贅肉開始集中在腹部，看起來好胖」。因為她「對體力沒有自信」，所以訓練內容，主要以可在空暇時間簡單完成的動作為主，將開始門檻降低，也設計了容易在初期看出效果的組合動作。有別於快速瘦身的飲食控制，這些組合動作不但很健康，還可持續感覺到全身曲線有所改善，並鍛鍊軀幹、增加體力。

◉無須拚命活動身體，女生也能做

最初的目標

起初目標是想讓全身變得瘦一點。以往試過「限醣減肥」等飲食控制，及其他減肥方法，不過效果不如預期。決定挑戰肌力訓練，希望能看出一點效果。

初期的感想

這次打算認真堅持下去，於是買了瑜珈墊，以期給自己一點壓力。學生時代我參加的是藝文社團，體育成績不特別優秀，所以訓練前一直擔心「女生沒什麼體力，不知道能不能持續下去」，但是幾次之後，有點訝異居然比想像中還要簡單，體力方面一點問題也沒有。其中令我最滿意的是「平板撐體（見九十三頁）」，以前從來不知道，無須拚命活動身體也能做肌力訓練，這讓我幹勁十足。

訓練內容

除了基本訓練內容（見一五六頁），還加入「舉手深蹲（見八十七頁）」、「肩膀伸展（見八十頁）」、「抬腿平衡（見八十六頁）」、「側邊撐體（見九十六頁）」等動作。頻率保持每週四次，每次做兩組。

效果體驗

開始訓練後，我常找機會請公司同事摸摸我的身體，請他們客觀地告訴我身體上的變化。大約過了一個月過，同事們問我：「妳的腹部是不是長肌肉了？」三個月之後，又有人說我「後背的贅肉好像消失了」，加上體重少了五公斤，過去一直困擾我的肩膀痠痛症狀似乎也減輕許多，這都讓我有動力持續訓練。

今後的目標

過去挑戰過各種減肥方法，但若想持之以恆，我認為肌力訓練是最棒的方式。一來可以確實看出效果，飲食方面也毫無限制，也完全不感到吃力，實行起來一點都不困難。與其說是肌力訓練，反而覺得更像是在做伸展操。如今慢慢地確實瘦下來，也讓我對自己的身材有更高的期許。現在去逛街看到好看的衣服，有時還是找不到適合的尺寸，希望身材可以變得更好，可以好好打扮自己。

健身教練這麼說

周遭親友都發現變化，就是效果斐然的證明。W小姐找到最有效激勵自己的方式。另外她還發現「單純做些靜止姿勢，其實也能有效鍛鍊肌肉」，這正是一個讓自己訓練時，可以更加積極的轉變關鍵。

CASE 4

請家人提醒自己，訓練更持久

A先生（42歲・男性・上班族〔IT產業〕）

◆身高體重

172公分　87公斤→82公斤

◆基本訓練內容

❶抬腿平衡（P86）
❷平板撐體（P93）
❸側邊撐體（P96）
❹仰躺抬臀（P98）

◆頻率

2組；1次20分鐘；每週3次

◆效果

全身變緊實，身體感覺變輕快了。

A先生有個唸小學三年級的女兒，聽說一直在尋找「可以讓身體變緊實的方法」，後來才發現在家就能輕鬆做的肌力訓練。

曾經從事過田徑運動的A先生，採用稍加變化的「省時體感組（見一二〇頁）」，難度偏高。雖然訓練起來有點吃力，不過整個訓練內容會讓他很有感覺，雖然A先生只在能力範圍內進行訓練，但現在的身材讓家人也都很滿意。

◉透過運動，讓工作更有活力

轉變的關鍵

因為妻子很擔心肥胖會影響未來的健康，自己也想找回學生時代常被稱讚、全身肌肉的帥氣模樣，為了改變胖嘟嘟的體型，開始接受訓練。不過公司剛成立，工作方面正需要卯足全力之際，一般的訓練讓我擔心運動不足。幸好後來看到森教練強調「不用花費很長時間，在家就能輕鬆完成」，因此想挑戰看看。

訓練內容

自認學生時代的體育成績不錯，運動神經應該不差，只是擔心體力的問題。不過實際做過之後，沒想到居然做得到，所以很放心。除了一六〇頁的「基本訓練內容」，還追加「肩膀伸展（見八十頁）」、「仰躺抬腿（見九十七頁）」、「伏地挺身轉體（見一〇〇頁）」。

初期的感想

剛開始嘗試時，因為訓練動作完全不同於學生時代的訓練，讓我覺得動作本身十分有趣。沒想到隔天肌肉痠痛，感覺肌肉確實有運動到，十分不可思議。

開始訓練一個月後，感覺腹部好像變得緊實，量了體重發現居然減輕了五公斤。一直以來體重都是有增無減，現在身體變得很輕快，站在鏡子前也不自覺地擺起姿勢。另外，像我們住在大樓的住戶，訓練時不會吵到鄰居，這點也很棒。

持之以恆的秘訣

一個月就看出效果，的確使人士氣大增。不過當時正好有大量工作，中斷肌力訓練三週左右。後來一直很忙，忘記訓練的情形愈來愈常見。因此我靈光一閃，不斷跟女兒強調：爸爸為了瘦身一直很努力在鍛鍊肌肉。每當我忘記時，女兒就會問我：「今天做肌力訓練了嗎？」使我又燃起鬥志。

雖然，中斷三週後身材開始回復原狀，但也因為重新鍛鍊，肌肉再度緊實。因為想善用工作空檔「多做一點」，於是請森教練提供在辦公室也能做的訓練，像是「手臂上舉（見八十四頁）」、「腿部伸展（見八十三頁）」等等。現在生活比較有彈性，努力工作之外，我今後還是會一直做肌力訓練，不讓家人失望。

健身教練這麼說

讓家人參與這點做得很好。每天運動，生活就會有規律，工作起來將更有活力，這些都是肌力訓練的卓越功效。

CASE 5

善用空檔，也能愉快練身體

S先生（38歲・男性・自營業〔出版業〕）

◆身高體重

172公分　79公斤→74公斤

◆基本訓練內容

❶平板撐體（P93）
❷側邊拱橋（P96）
❸仰躺抬臀（P98）
❹跪地平衡（P92）

◆頻率

1組；1次15分鐘；每週2次

◆效果

身體變輕快，草地棒球的守備範圍變廣了。

S先生是在出版業的自由工作者，學生時代參加過棒球社，現在還是對草地棒球十分熱衷。為了提升打棒球的表現，因此嘗試肌力訓練。他先進行一三八頁的「強壯軀幹組」，以鍛鍊軀幹為主。我請他注意觀察運動時腳程的輕快度，以及揮棒的力道，所以他在訓練時十分樂在其中。慢慢適應肌力訓練後，他很開心地跟我說：「謝謝你的訓練，讓我的守備範圍變廣了。」

◎從生活型態著手，找出最佳訓練模式

最初的目標

朋友曾經跟我說「肚子很明顯」，不過我卻一直不怎麼在意身材。後來發現打棒球時，身材總會影響我的守備和跑壘，若再不做點改善我就得告別最愛的棒球。於是我希望透過訓練，讓我守備時，盡量可看守更大範圍，還有打出三壘安打後，也不會因為跑壘太累而影響下一場的守備。

訓練內容

開始肌力訓練沒多久，因為工作太忙，大約兩個月時間沒有認真執行。主要只做了一些「肩膀伸展（見八十頁）」、「胸部伸展（見八十一頁）」這類伸展動作。不過因為我在睡前運動，肌肉的放鬆使睡眠品質變得更好，因此我相信其他動作也會更有效果，於是等工作穩定後繼續進行訓練。

後來工作終於告一個段落，真正開始進行訓練，除了基本訓練內容，還做了強化下半身的「抬腿平衡（見八十六頁）」與「舉手深蹲（見八十七頁）」。我的訓練頻率大約每週只做兩次，但應該多做幾次會更有效。

效果體驗

雖然一開始只做伸展動作，但約兩個月後體重就掉了五公斤，並一直維持。之前感覺體力一年不如一年，但現在我覺得最棒的是，身體感覺輕快多了。

健身教練這麼說

開始做肌力訓練時，像S先生一樣從能力範圍做起就行了，忙碌的人也能利用短暫時間（隨時找空檔）進行，並從拿手的動作開始做。像這樣與生活習慣及身體狀況協調過後再做訓練，慢慢就能找到最佳的訓練模式。

第8章

如何持續練肌肉，並永不放棄？

先練大肌肉，以效果換取成就感

肌力訓練的重點在於「有效率地進行」，以及「親身體驗效果」。本章將針對「如何維持毅力」再深入說明，這也是能讓大家持續進行肌力訓練的一大關鍵。

想要維持毅力，最佳方法還是導入「成功模式」，讓引頸期盼的心願能與實際成果畫上等號。著手肌力訓練後，能切身感覺到「有效果」的人，自然會出現「想要更努力鍛鍊肌肉」的企圖心。這樣一來，效果將更加明顯，且愈來愈熱衷於肌力訓練。這種良性循環，正是肌力訓練的成功模式。也就是說，能夠愈快感覺到「有效果」，就是讓肌力訓練持續的動力，也是最大關鍵所在。

先專注訓練大肌肉，仔細觀察自己的身材

要迅速體驗到效果有兩個秘訣。**第一，針對大面積的肌肉進行訓練**，就是以胸部（胸大肌）、腹部（腹直肌）、後背（背闊肌）、臀部（臀大肌）、大腿（股四頭肌與腿肌）等肌肉作為訓練目標。

若是時間相同的肌力訓練，鍛鍊大肌肉後所出現的反應，會比鍛鍊小肌肉來得明顯。大肌肉增加後，不但更容易發現身材的變化，基礎代謝率也隨著肌肉量的增加而提高。在身材變緊實的同時，體質也變得不易發胖。其中從大腿至臀部的肌肉，屬於體積較大的部位，針對這個部位進行深蹲等動作，最容易看到效果。

其次，要仔細觀察自己的身體。在體重或體脂肪的數字出現變化前，肌力訓練的效果通常從外表就看得出來。只要仔細觀察，就能發現身體線條變得緊實，而且一用力肌肉就會隆起。**這些變化看似微不足道，但卻會讓人開始產生期待**。

他人的好評，是最棒的動力來源

記得我在學生時代開始肌力訓練時，有位陌生的男性長輩，在我常去的健身房更衣室裡跟我說：「你的肌肉練得很壯碩，記得一定要一輩子做下去。」因為這段偶遇，開啟了我想要一輩子做肌力訓練的開關。當我聽到別人說「我的肌肉練得很壯碩」，使我確信一直在進行的肌力訓練正確無誤，因此，只要這樣子持續做下去，一定能夠實現理想中的身材。因此，我認為**能讓肌力訓練持續的最佳動力，就是親身體驗到肌力訓練的效果，加上別人給予的好評價。**只要具備這兩點，持續訓練的開關就會開啟。

◉大聲宣告肌力訓練計畫，請親友協助監督

聽到任何人的讚美，誰都會感到開心，但若其中有特別關心自己、為自己加油的人給予掌聲時，感覺格外不同。這些人會注意到你的身體正在轉變，無論是公司同事、同學，或是男女朋友，當他們告訴你「最近腹部是不是變平坦了？」或是「好久沒見，你的身材好像不一樣，而且變年輕了！」的時候，想必會立刻變得幹勁十足。

當周圍親友發現你的身材變化，就代表訓練的效果斐然。但在看到效果之前，別人其實很難發現。因此不如主動表示自己正在做肌力訓練，像是有人會讓家人一起參與訓練過程，最後獲得成功。最貼近自己的另一半、孩子的一言一語會成為最棒的鼓勵，有時他們還會提醒自己時間到了該做訓練，幫忙注意餐飲方面的卡路里問題，成為最有力的好幫手。

找出對策，解決不能練習的理由

思考如何激發訓練動力的同時，不如想想什麼原因會讓自己沒有動力。

有學員提出：「剛開始為了訓練買了瑜珈墊，可是找不到適當場所收納，於是放在祖父母臥室裡的壁櫃深處。因為自己習慣晚上進行肌力訓練，想做的時候祖父母通常已經睡了，沒辦法去拿瑜珈墊，所以連續好幾天沒有訓練，這樣該如何是好呢？」答案很簡單。瑜珈墊並非必需品，只要不使用瑜珈墊即可。

另外還有一個剛好相反的例子。有人說：「在客廳訓練時，膝蓋和手肘碰到地板痛得不得了，做到一半就不想做了。」若地板太硬導致後背或腰部疼痛，那就在軟墊上進行訓練。

◉找出讓自己能持續訓練的環境

事情其實很簡單，不要拘泥於「肌力訓練一定要怎麼做」的框架裡，不妨先冷靜分析什麼因素妨礙肌力訓練的進行，其次再客觀地想出解決對策。若出現任何不放心的因素，趁早解除擔憂，就能使肌力訓練長久持續下去。

若有人是「一有時間就得照顧孩子」的情況，那可以參考第七章A先生的例子，找來太太小孩參與其中。總是習慣睡前訓練，但不喜歡一到夏天滿身大汗的人，只要在夏天洗澡前完成訓練即可。若覺得「做肌力訓練的地方很冷」的人，可以先打開暖爐，感覺變熱後再關掉暖爐就能解決問題。**重點是規劃一個能讓自己舒服且持續做肌力訓練的環境，這也是肌力訓練得以持之以恆的祕訣。**

縮短動作時間，大忙人也能輕鬆練

「突然被找去喝酒」、「最近工作變忙，這陣子都很晚回家」、「週末得陪家人」等等，上述都是常見的藉口，而且總會伴隨著「因為沒時間，所以沒辦法做肌力訓練」這句台詞。進行肌力訓練的確需要時間，不過單純因為「沒時間」而放棄肌力訓練是很可惜的。正因為沒時間，不費事、隨時都能做的「居家肌力訓練」更值得進行。

我身邊就有許多工作與私生活都很忙碌，卻能好好持續肌力訓練的人，甚至事業愈成功的人，肌力訓練愈能持續做下去。因為這些人凡事都很重視效率。

◉選擇可鍛鍊全身的動作，讓訓練更有效率

想要有效運用短時間訓練有兩大重點。**第一，沒時間的人，須規劃專屬的訓練動作，確保短時間也能進行。**平常習慣進行六項訓練的人，沒時間時可以只做三項訓練，並簡化訓練的重點，著重於胸部、後背、大腿等大肌肉，選擇可以均衡鍛鍊全身的動作。第五章所介紹的「平板撐體（見九十三頁）」及「抬腿平衡（見八十六頁）」都很適合設計成省時速效的訓練。

第二個重點是**縮短訓練過程中的間隔**。雖然須視所進行的訓練內容強度作調整，但是基本上每個動作及組數之間的間隔，只要三十到九十秒。盡量縮短間隔，就能用很短時間完成訓練。而且間隔縮短後，在肌肉疲勞完全回復之前進行下一組，可以更有效地刺激肌肉，提高肌力訓練的效率。

累了就「喘口氣」，不對自己施壓

想透過肌力訓練實現理想體型，但是偶爾也會出現突然有幾天無法訓練的空窗期，或是被「去旅行」、「身體狀況不佳」、「工作很忙」等各種原因，使肌力訓練中斷。

遇到這種情形，或許有人會認為自己失敗了，認為「休息期間肌肉消失了」而心情開始低落，甚至出現「之前那麼努力，結果白費力氣」的想法，使得士氣全失。同時也開始幫自己找些不做肌力訓練的藉口，例如「因為很久沒做，所以平時在做的訓練內容已經無法完成」、「與其現在虎頭蛇尾地做訓練，不如等有空時一次做個夠」等各種拖延重新開始訓練的藉口。

◉不讓壓力影響自己，訓練才能持久

像這樣隨著空窗期一天拖過一天，厭惡自己的感覺也會愈來愈擴大，一旦演變至此，想執行的心情將日漸低落，到最後就可能真的就這樣放棄肌力訓練。

為了避免這種情形，最重要的終究還是正向思考。千萬不可抱持著「彌補之前沒做的部份」的觀念，而是**要想到「只要有運動就是加分」**。訓練內容只要達過去的三至五成即可。

若之前可做十次，現在卻只完成五次時，也不要有「只做五次」的想法，而要告訴自己「休息了那麼久，居然還能完成五次」。另外也不需要拘泥於過去的訓練內容，建議挑戰沒做過的動作。這樣做起來會因為有新鮮感，讓自己可以積極地努力做下去。**縱使有一陣子沒做訓練，肌肉也不會立刻消失**，所以無須在意，就當作是「稍微喘口氣的時間」就行了。

訓練後請獎勵自己，增加信心

肌力訓練原本就需要一段時間才能看出明顯效果，雖然最後實現理想體型時可以獲得很大的成就感，不過光靠這一點，會讓人在訓練時感到茫然，心裡容易產生「肌力訓練果然很無趣」的想法。因此，除了高舉最終想實現的偉大目標，訓練過程中可以區分出幾個小階段，讓人隨時達成目標，獲得成就感。

若出現突然沒勁、不想持續訓練的情緒，請好好慰勞努力訓練的自己，這樣才能重啟動力的開關，讓自己「今天也努力做肌力訓練」。比如說「肌力訓練後喝一罐可樂，再吃烤肉串」或是「吃掉一直忍住不吃的甜點當獎賞」像這樣的大解放，反而會讓人充滿動力。這套訓練無須控制飲食，不妨痛快地享受一下。

◉設定容易達成的小目標，增加訓練成就感

話雖如此，或許有人認為給獎賞好像在哄小孩，一點吸引力都沒有，若是這樣，不如參考下述方法。我常將「透過肌力訓練實現理想體型」視為「大型專案」。當你被委派大型專案，可不能抱持著「先試試再說」的心態。一定是先預估整個流程，細分成一個月、一週、一天來規劃，才能嚐到完美達陣的滋味。

肌力訓練也一樣。先細分成幾個階段，才能達成遠大的目標。而且這樣做，能夠贏得成就感。舉例來說，想要三個月後「腹部曲線變得曼妙」，就將一週後的目標訂成「體驗腹部的緊實感」。像這樣每次達到小目標，就能獲得成就感。

想成為「理想中的自己」固然重要，但在這之前，請充份品嚐「自己做得到」的喜悅，當作一種獎賞吧！

事前記下訓練時間，方便提醒自己

很多人一忙起來，不知不覺就忘記做肌力訓練，接著就可能衍生「幾天沒做訓練，不如放棄」的想法。因此建議大家不如將預定進行肌力訓練的日子，在電腦或手機設定鬧鈴通知，提醒自己，鬧鈴一響就是做肌力訓練的時間到了。

當我透過網路指導每位會員時，我會提供「提醒通知」的服務，在預定進行肌力訓練當天，寄送電子郵件給會員，還會使用可管理行程的「日曆功能」。

還有一個方法，就是在自己家裡的月曆上，將預定訓練的日子，及有做訓練的日子做上記號，最好畫上一個又大又明顯的勾勾，讓家人也能一目了然。這個方法還有一個好處，就是每次打勾，都會變成一直幫自己加油的成就感。

第9章

三招簡易燃脂操，日常生活也能做

樓梯，最好的肌力訓練器材

透過肌力訓練長出肌肉後，基礎代謝率（見六十六頁）會增加，使體質變得容易燃燒體脂肪。這樣只要在日常生活中多做一點運動，就會加速實現理想體型。舉例來說，只爬樓梯而不搭手扶梯或電梯，就可有效增加運動量。

每次看到樓梯，我都會認為這是「訓練的好機會」。每次的小運動或許無法消耗大量熱量，不過不斷累積下來，就能幫助你實現理想體型。尤其是**忙到抽不出一段時間做肌力訓練的人，更應積極採取這類方式**。這和肌力訓練同樣，只要有動，身體就會確實出現變化。除了爬樓梯，生活中還有下述機會可以隨時運動。

◆增加步行距離，提早在離住家、公司等目的地的前一站下車。

◆與同事聯絡時不使用電子郵件或內線電話，直接走過去找對方。

◆搭公車或捷運上班時，即使有位子坐也要站著。

◆不搭公車或捷運上班，改騎自行車。

◆擴大溜狗散步的範圍與距離。

◆走路到附近超市或便利商店購物。

◆帶孩子到戶外玩耍，而不是待在屋裡。

特別是忙到不可開交的人，可能會認為增加步行距離是在浪費時間，因此建議這些人可以「大步快走」。加速走路的節拍，並且在原本一、二、三的節奏下，走到第三步時再大步跨出去，這樣自然就能規律地加大步幅，使走路速度加快，試過後一定會發現身體馬上就會熱起來。這樣一來，既可維持平時習慣的移動距離，又能燃燒體脂肪。

學會這兩招，上班也能練身體

想在辦公室做運動但又不好意思，這樣的人我會建議做一些簡單的訓練，像是從椅子站立，這樣就能巧妙地做肌力訓練，又不會被周遭同事發現。不過要避免出現反作用力，正確運用軀幹部位。

另外還有坐著就能進行的「手臂上舉（見八十四頁）」，在上班午休時也能做，還有站著進行的「手肘碰膝（見八十九頁）」，可以趁著影印文件的空檔進行。或者也可以試試一邊坐在椅子上，一邊將腳抬到半空中。除了可在辦公桌前做，也可在冗長的會議中讓身體換個姿勢。而搭捷運也是訓練的大好良機，最常見的動作就是站著墊高腳跟，坐下來時也可將腳抬高以鍛鍊肌肉。

從椅子站立

從椅子上站起來時，只用腳的力量站立。

❶坐著時後背挺直。

站起來時，
雙手不要放
在膝蓋上

❷不靠反作用力或手部力量，自然站立。

上半身不能前傾，
視線保持向前看
雙腳不動

坐姿腳抬高

坐在椅子上將腳抬高，能鍛鍊腹肌與大腿。

❶坐滿整個椅墊。

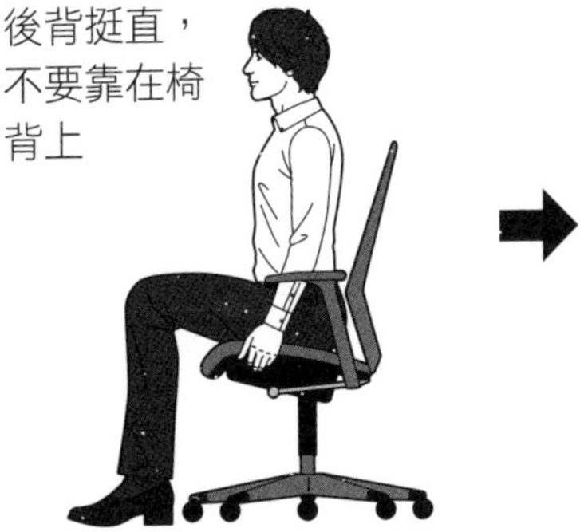
後背挺直，
不要靠在椅
背上

❷腹部用力，使雙腳離地。

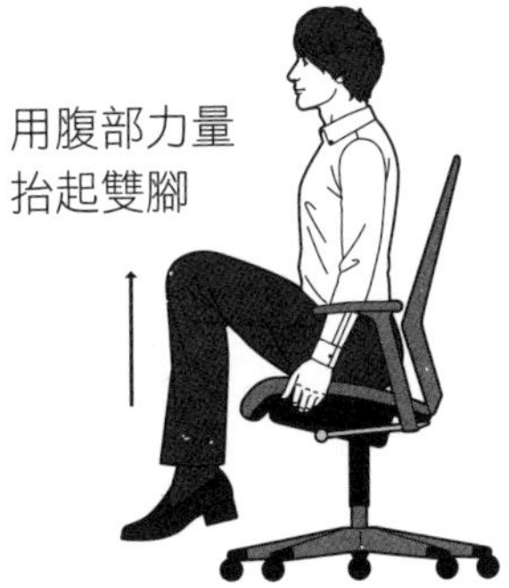
用腹部力量
抬起雙腳

加入引體向上，訓練上半身更有效

有一個與日常生活有關的工具，十分推薦用來做肌力訓練，那就是單桿。許多公園皆設有單桿，家裡沒有單桿的人，不妨到附近公園找一找，趁著陪孩子到公園玩耍時，利用單桿做引體向上。

引體向上是全身運動，不只鍛鍊到後背（背闊肌與斜方肌）與手臂，還能訓練腹肌，是種效率極佳的肌力訓練。標準的引體向上運動步驟，請參考左頁解說。一般成人男性做引體向上運動的標準次數為五至十次。感覺吃力者可以一開始幾次就好，或用訓練用的彈力帶作為輔助。若無彈力帶，不妨從傾斜引體向上著手，傾斜引體向上標準次數則為十至十五次。

引體向上

三步驟即完成標準的引體向上。感覺吃力者可用彈力帶，或嘗試傾斜引體向上。

❶握單桿時手背朝上，順手握住單桿，手臂伸直懸掛在單桿上

❷將身體往上拉，避免反作用力

❸用下巴碰觸單桿

將彈力帶掛在單腳膝蓋上，輔助身體拉提

〈傾斜引體向上〉

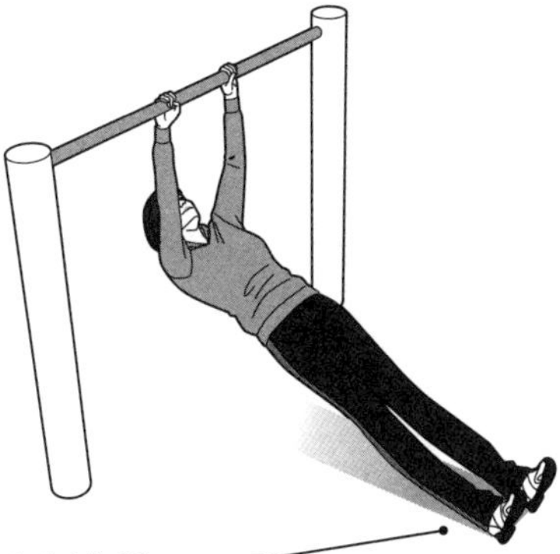

雙腳腳跟靠在地上進行，女性也能完成

這裡摘錄了曾被Body Quest股份公司（http://bodyquest.jp/）
服務過的會員，第一天到六個月訓練期間的回饋分享，
現在這些會員都能自發性地持續進行肌力訓練。

只要努力，就有效果！

◆ K.M先生（男性） ◆ 年齡：33歲 ◆ 身高：174公分 ◆ 職業：上班族
◆ 身材變化：體重70公斤 → 61公斤、體脂肪20% → 11%、腰圍80公分 → 70公分

我靠飲食控制使體重從八十三公斤降至七十公斤，為了防止復胖，決定進行肌力訓練。一個月後腿部開始出現效果，經過二個月後，腹肌也明顯看得出來了。現在已經過了半年，衣服尺寸從 2L 號改穿 M 號，公司主管與同事也不斷問我「到底怎麼做的？」所以，努力就一定看得到效果！

真實感受到「瘦身成功」！

◆ M.I小姐（女性） ◆ 年齡：34歲 ◆ 身高：159公分
◆ 身材變化：體重62公斤 → 57公斤

開始訓練一、兩個月就看到效果，大概經過了半年體重就減了五公斤，尤其上半身變得很緊實。過去減肥時，從來不曾有「自己瘦身成功了」的經驗，這次最大的收穫，就是第一次感覺到「自己竟然也能（瘦身）成功」。接下來面對其他挑戰時，我想這個成功經驗一定能讓自己充滿自信。

持之以恆鍛鍊肌肉，效果一定看得見！

凡事變得更積極！

◆ H.S先生（男性） ◆ 年齡：49歲 ◆ 身高：174.5公分 ◆ 職業：牙科醫師
◆ 身材變化：體重82公斤 → 68公斤、體脂肪29% → 17%、腰圍88公分 → 74公分

開始鍛鍊肌肉兩個月後，我的體重減少了五公斤左右，外表看起來全身都變緊實了。現在身體精實到居然看得出「長出肌肉」，使用到腿力的工作也變得輕快許多，進而讓我凡事都變得更加積極，甚至連患者都說我「變瘦了」，我也變得比較容易和大家親近了。

女同事也問我如何減肥！

◆ Y.K先生（男性） ◆ 年齡：47歲 ◆ 職業：上班族 ◆ 身高：174公分
◆ 身材變化：體重82公斤 → 66公斤、體脂肪27% → 13%、腰圍94公分 → 78公分

幾年前因為生了一些病，導致半年左右無法運動，公司健康檢查時也被診斷出代謝症候群。進行肌力訓練後大約三個月，我開始感覺到身體曲線有了變化，半年後腹部慢慢變纖細了。不但受到家人稱讚，在公司也愈來愈多女同事偷偷跑來問我怎麼減肥（笑）。

—結語—

掌握訓練步調，透過健身練心志

大家明白如何才能持之以恆地做肌力訓練了嗎？讀完本書後，若能啟發大家開始肌力訓練，並且湧現「似乎自己也做得到」的企圖心，代表你已經找到正確答案。請務必好好呵護這股動力來源，記住這種期待感，必能讓你夢想成真。

不過請注意，不能拚命過頭。依照我的經驗，我覺得一開始愈是竭盡所能、努力訓練的人，愈不容易持續執行肌力訓練。因為這些人一開始過於勉強，努力過了頭，所以才會無法持續下去。

就連我自己也會因為想看電視、打混過一天，而覺得肌力訓練很麻煩。不過也因為我親身體驗過持續做肌力訓練的好處，所以才能一直做下去。

◉進行肌力訓練後，會充滿正向能量

所以，最重要的是要依照個人步調進行，避免造成身心負擔。再次強調，肌力訓練只要肯做，自然就會有所回饋。大原則是，肌力訓練無法瞬間看到成果，一定要持之以恆。因此，**學習動作的正確做法，並掌握可持續做下去的步調，才是最關鍵的一件事。**

肌力訓練，或許可說是一種「生活哲學」。將肌力訓練融入日常，使生活步調變得更健康有彈性，外表也變得更好看，最後一定會讓你更有自信。這不僅有益工作，甚至在談戀愛等私生活，一定會讓各位過得更順心如意。

最後，希望這本書能成為各位持續做肌力訓練的助力，翻轉過去認為「肌力訓練很吃力」的刻板印象，並且樂在其中。

HealthTree 健康樹系列062

在家練肌力，體脂少10%

2天練1次，效果最好！26個燃脂動作X14組速效練肌操，增肌・減脂・練線條，一次到位！

筋トレを続ける技術——自宅で気軽に体脂肪燃焼！

原著	森俊憲
譯者	蔡麗蓉
總編輯	何玉美
副總編輯	陳永芬
責任編輯	鄧秀怡
封面設計	張天薪
內文排版	菩薩蠻數位文化有限公司
日本製作團隊	插畫／內山弘隆

出版發行	采實出版集團
行銷企劃	黃文慧・王珉嵐
業務經理	廖建閔
業務發行	張世明・楊筱薔・鍾承達
會計行政	王雅蕙・李韶婉
法律顧問	第一國際法律事務所　余淑杏律師
電子信箱	acme@acmebook.com.tw
采實粉絲團	http://www.facebook.com/acmebook

ISBN	978-986-5683-96-2
定價	280元
初版一刷	105年4月1日
劃撥帳號	50148859
劃撥戶名	采實文化事業股份有限公司
	104台北市中山區建國北路二段92號9樓
	電話：(02)2518-5198
	傳真：(02)2518-2098

國家圖書館出版品預行編目資料

在家練肌力，體脂少10% / 森俊憲作 ; 蔡麗蓉譯.
-- 初版. -- 臺北市 : 采實文化, 民105.04
面； 公分. -- (健康樹系列 ; 62)
譯自 : 筋トレを続ける技術——自宅で気軽に体脂肪燃焼！
ISBN 978-986-5683-96-2(平裝)

1.運動訓練 2.肌肉 3.塑身

528.923　　104028477

采實出版集團
ACME PUBLISHING GROUP